"十四五"职业教育部委级规划教材

食品营销管理

Shipin Yingxiao Guanli

贾洪信　杨瑞锋　张　瑜◎主编

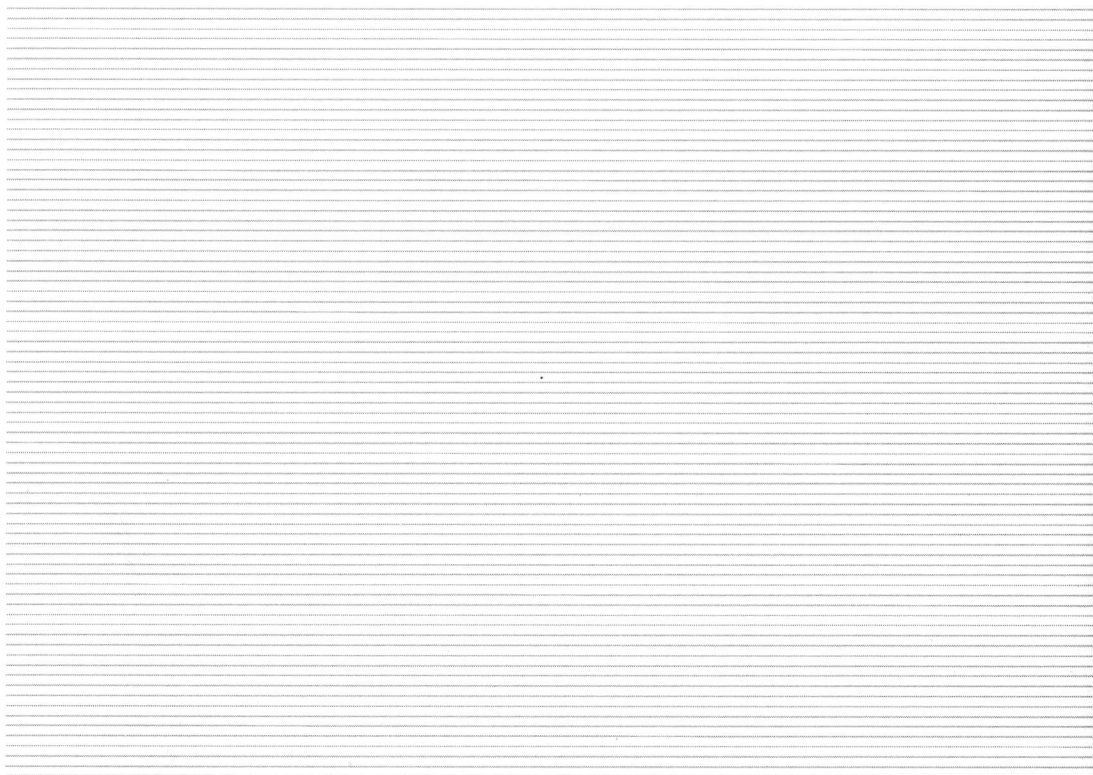

中国纺织出版社有限公司

图书在版编目（CIP）数据

食品营销管理/贾洪信，杨瑞锋，张瑜主编 . --北京：中国纺织出版社有限公司，2022.12

"十四五"职业教育部委级规划教材

ISBN 978-7-5229-0094-0

Ⅰ．①食… Ⅱ．①贾… ②杨… ③张… Ⅲ．①食品－市场营销学－职业教育－教材 Ⅳ．①F768.2

中国版本图书馆 CIP 数据核字（2022）第 224910 号

责任编辑：闫　婷　　责任校对：王蕙莹　　责任印制：王艳丽

中国纺织出版社有限公司出版发行

地址：北京市朝阳区百子湾东里 A407 号楼　邮政编码：100124

销售电话：010—67004422　传真：010—87155801

http://www.c-textilep.com

中国纺织出版社天猫旗舰店

官方微博 http://weibo.com/2119887771

三河市宏盛印务有限公司印刷　各地新华书店经销

2022 年 12 月第 1 版第 1 次印刷

开本：787×1092　1/16　印张：11

字数：250 千字　定价：49.80 元

随着中国经济的快速崛起，食品行业也获得了历史性的发展。食品行业因其特殊地位日益受到消费者的关注，食品行业的竞争也日趋激烈。

食品行业对于具有食品专业背景、又懂市场营销的高技术技能型人才的需求不断上升。为了满足行业、企业市场营销相关岗位的具体需求，在遵循高等职业教育基本规律、理念和相关政策要求的前提下，本人联合其他相关老师组织了本书的编写。

本书突出以下 3 个特点：

一、突出产教融合、校企合作，校企"双元"合编教材

本书的编写团队除了经验丰富的一线教师外，还有知名企业的管理人员和技术人员实质参与内容编写、指导和审核工作。团队成员严格按照企业岗位需求安排教学内容。

二、充分融入思政元素，坚持立德树人

本书融入了丰富的思政元素，在传递专业知识的同时注重培养学生的爱国主义精神和爱岗敬业的工作态度；在培养同学们专业技能的同时，注重提升学生的使命感和责任感。

三、"项目—任务"式教学模式

本书采用"项目—任务"模式，以教学项目和任务为提纲，按照"教、学、做"一体化要求编排教材内容，思路清晰，层次分明，教学目标明确，便于教学任务的开展。

本书主要内容和分工如下：

项目一、项目二和项目五由广东环境保护工程职业学院贾洪信老师编写，项目三由鹤壁职业技术学院杨瑞锋老师编写，项目四由黑龙江农业职业技术学院张瑜老师编写，项目六由广东环境保护工程职业学院潘兆广老师编写，项目七由吉林省经济管理干部学院石晓岩老师编写，项目八由锡林郭勒职业学院赵雁老师编写，项目九由广东环境保护工程职业学院宋丹老师和河北师范大学王会然老师合作编写，项目十由温州科技职业学院李彦坡老师和惠州统实企业有限公司陈俊杰合作编写。同时特别感谢陕西师范大学张清安教授、农业农村部食物与营养发展研究所刘锐和东鹏饮料（集团）股份有限公司张金桃在本书编写过程中给予的多方面宝贵经验和帮助。

由于编者水平有限，书中难免存在错误与纰漏之处，恳请广大同行与读者不吝指教，以便再版时修订改正。

编者

2022 年 2 月

项目一　食品营销学概论

学习目标：

1. 掌握：市场营销学核心概念和市场营销观念。
2. 熟悉：食品的分类和食品工业的特点；市场的特征；市场营销的功能。
3. 了解：食品工业的发展方向；市场营销的产生与发展阶段；食品市场营销的功能。

任务一　食品和食品工业

一、食品

（一）食品的概念

食品指各种供人们食用或饮用的产品和原料以及按照传统既是食品又是药品的物品，包括加工食品、半成品和食品原料，但不包括以治疗为目的的物品。

食品原料主要来自农业、畜牧业和水产业的有机动植物，其中，除少数食品原料如水果和部分蔬菜等可供直接食用外，绝大多数食品原料需在食用前进行处理，这种处理过程称为食品制造或食品加工。食品原料经过物理或化学等方法的加工，便于食用，同时具有美味可口、营养、卫生等特点。

（二）食品的种类

食品是一个涵盖面广且定义不十分明确的概念，人们常常根据不同的场合和目的，依照不同的标准对食品进行分类。

1. 按产品的基本属性分类

根据 GB 4754—2017《国民经济行业分类》标准，将食品分为原料食品和加工食品两大类，前者由农林牧渔业提供，后者由食品工业提供。

2. 根据食品的营养特点分类

（1）谷类及薯类，谷类包括米、面、杂粮等，薯类包括马铃薯、甘薯、木薯等。

（2）豆类及其制品，包括黄豆、豆腐、腐竹、豆皮等。

（3）蔬果类，包括植物的根、茎、叶、果实等，如胡萝卜、白菜、苹果等。

（4）动物性食品，包括畜肉、禽肉、水产品、蛋类、奶及奶制品。

3. 按食用人群分类

（1）孕妇、哺乳期妇女食品。

（2）婴幼儿食品。

（3）中小学生食品。

（4）老年人食品。

（5）特殊人群食品，如宇航员食品、高血压患者食品、糖尿病患者食品、军用食品等。

4. 按物流特性分类

（1）冷藏流通食品：需要将温度保持在 0℃ 左右，如鲜鱼、鲜肉、火腿、牛奶、酸奶、黄油、奶酪、多数熟食类等。

（2）冷冻流通食品：需要将温度控制在 -18℃ 以下，如冷冻水产品、冷冻肉类、速冻蔬菜、速冻饺子、冰激凌等。

（3）常温流通食品：自然条件下流通，无须进行温度管理，如蔬菜、面包、糖果、饼干、调味品、酱腌菜、干货类等。

（4）恒温流通食品：需要按照某一恒定温度进行温度管理，如预冷蔬菜、沙拉酱、部分净菜等。

5. 零售业对食品种类的区分

超市、连锁店等零售业直接面对消费者，根据消费者的需求进货和销售食品，在对食品分类时重点考虑了消费领域的特点，大致将食品分为生鲜食品、加工食品、日配食品、熟食类和烟酒其他五类。

（1）生鲜食品：水产品、畜产品、果蔬类农产品等。

（2）日配食品：豆腐、乳品、面包等。

（3）熟食类：盒饭、各种熟食、果蔬色拉等。

（4）加工食品：食品厂生产的糖果、饼干、罐头、饮料类食品等。

（5）烟酒其他：烟、酒、米、干货、调味品等。

（三）食品的特性

食品具有以下 3 个方面的特性：供给特性、商品特性和消费特性。

1. 供给特性

农产食品生产受自然条件影响大，有明显的季节性和丰歉年之分。丰年农产品增产，但是供给量多会导致市场价格下降；灾害、歉收年会出现供给量不足，引起市场价格上升。而且因为生产周期长，不能随时根据需求的变化来调整供给量，事后调整更容易导致激烈的价格波动。另外，原料农产品的生产主体是农户，具有规模小、经营零散、组织化程度差的特点，市场交易能力弱，各个农户对市场价格的形成影响力小。

2. 商品特性

（1）不耐储藏，易腐烂、变质。食品，特别是鲜活、生鲜食品的保质期都比较短，在运输和销售时应特别注意。对此，在流通上要求时间短、速度快，要采用低温冷藏技术并具备相应的运输、储藏设施。

（2）农产食品个体差异大，规格标准难以制定。即使同样的作物品种，由于栽培条件的不同，也会在品质等方面出现一些差异，采收时间的长短也影响产品的商品价值，不像工业产品那样容易进行标准化生产管理。

（3）味道、营养等品质指标从感官上不好判断，产品差异化营销比较困难。

3. 消费特性

消费受天气的影响比较明显，例如，在炎热的夏季，啤酒、冷饮销量大；阴雨天，商店顾客少，生鲜食品会降价出售。从消费者的购买行为看，食品属于典型的便利品，居民习惯就近购买，一次购买量少、品种多，购买频率高，而且食品的消费主要是以家庭为单位，是一种多数、分散型的消费结构。

需要强调的是所有种类的食品均强调安全性。食品从生产到消费的各个环节中，对安全性的要求极为严格。饮食中的不安全因素可分为三种：一是有害病菌，二是有毒成分，三是有害异物。有害病菌和异物往往是由食品原料或在加工过程中带入，有毒成分往往是属于食品原料中的天然毒素，如河豚毒素。另外，还有食品中过量使用的添加剂（如过量使用的色素、香精、香料、防腐剂、抗氧化剂）以及残留农药和有毒金属等。许多国家都颁布了食品安全法，以限制食品中的有害病菌和有害物质，防止食品被污染，而且由相关部门严加执行，以确保消费者的身体健康。

二、食品工业

（一）食品工业的含义

食品工业是指以农副产品为原料通过物理加工或利用酵母发酵的方法制造食品的工业生产部门。其原料主要是农、林、牧、渔及副业部门生产的初级产品。

（二）食品工业的类别

我国的饮食文化发达，食品种类繁多。通常对于生产经营农产食品的企业，如果蔬农场、养鸡场、农产品运销公司等不作为食品企业看待，食品企业主要是指从事食品加工、制造的工业企业，食品工业是由这些企业构成的。

在食品工业上，根据生产原料和产品对食品工业企业进行分类，大致可分为以下六大类：农产品加工企业，包括粮油、制糖等；水产品加工企业，主要是鱼类制品的加工企业；园艺产品加工企业，包括饮料及果蔬的加工；畜产品加工企业，包括乳、肉、蛋的加工企业；膨化和焙烤食品的加工企业；酒类、糖果、烟草和罐头的加工企业等。

（三）食品工业的特点

1. 原料与成品特殊

食品加工的原料基本上都是生物体，主要依赖于农畜产品。在组织食品生产时，必须考虑原料来源和消费者的需要。

一般的工业生产中要降低成本和提高劳动生产率，往往以大规模生产为宜，但食品工业则不尽然。有些原料不易保存和不便于运输，则宜在原料产地组织适当分散的就地加工；有些成品容易变质，不便搬运和保管，则不需要到消费集中地组织加工，需要在原料产地将原料进行初步加工，然后将中间产品送往消费地再加工成直接消费品。

2. 生产有季节性

食品工业的原料供应往往受季节的约束，由此带来生产上的季节性。例如，含水分较多的水果、蔬菜不耐久储。在旺季，果蔬量多、质优而价廉，此时必然形成加工旺季，季节一过则原料匮乏，即使能少量提供，也是质次价高。禽蛋、水产、乳品类原料的供应等也都有旺季和淡季之分。

原料品质的高低与采收时间关系密切，例如，制糖所用的甘蔗和甜菜，在其生长期中适时收获加工，则出糖率最高，过早过晚收获皆不适宜，且收获后又要尽快加工处理，否则可能会降低出糖率。

因为食品的消费也有季节性，不同的季节人们对食品有不同的要求，这也是组织食品生产时必须考虑的因素。

3. 评价标准复杂

在许多工业部门，原料、中间产品或成品的质量，都可以根据客观的指标，用科学仪器来进行检测，例如机器零件的形状尺寸、化学产品的成分等，都是可以进行比较的。而食品的原料和产品的品质标准要复杂得多，除了部分可比的指标，如形状尺寸、化学成分、微生物指标等外，还有许多项目很难使用仪器加以检测，要凭视觉、嗅觉、味觉、触觉、听觉等感官指标加以测定，如触觉之软、硬、脆、松、酥、稠、黏、弹性以及咀嚼感等各种性状，除少数有物理测定方法外，大多数仍以品尝判定。因此，食品加工过程的控制，在相当程度上还是由熟练的经验所决定。随着科学技术的发展，检验手段的提高，可量化指标的比例将越来越多，尤其是在大生产中，没有可量化指标来对生产过程进行控制，就不能保证产品的质量稳定。

4. 物料对环境条件敏感

自从人类食用熟食以来，对食物的加工处理主要依靠加热。加热处理可以达到如下目的：

（1）杀灭微生物，防止病害及食物变质。

（2）改变食物的成分结构，使之容易消化。

（3）破坏食物原料中的各种酶，避免食物变质。

（4）改善食物的色、香、味。

一般的食品物料，除少数无机盐外，随着温度的升高其性质会发生变化。在通常情况下，淀粉在50℃左右开始糊化，蛋白质在45℃左右开始变性，在75～100℃之间，各种酶受到破坏，蛋白质完成变性，大部分微生物被杀死。过高的温度会引起食物的分解、氧化、变质，甚至燃烧，失去食用价值。如油炸温度过高，脂肪会发生高温聚合，产生变性。维生素等成分对热更为敏感，会因加热而有所损失。温度对食物的影响与加热时间有关，长时间不太高的温度有时比瞬间高温对食物品质的影响更大，因此，目前牛奶、果汁等杀菌多采用高温瞬时杀菌法。

食物在低温时一般处于比较稳定的状态，但有些果蔬类食物也可能会被冻伤。在高水分物料中，低温使水分形成冰晶，可能会破坏细胞组织结构。含有蛋白质、糖类和脂质等营养的食品也是微生物生长的培养基，因此食品很容易因微生物的作用而腐败变质。当然，微生物在食品中的生长发育也与环境条件有关，如食品的水分或空气湿度。空气湿度大则利于多数微生物的生长，从而更容易导致食品变质。另外，光的照射、氧气的接触也会使食品变质。

（四）我国食品工业的现状

食品工业与人民生活密切相关，是国民经济的一个重要组成部分。改革开放以来，我国的食品工业有了很大的发展，主要产品产量大幅增长，质量提高，品种多样，满足了人们生活水平不断提高的需求。食品工业的发展主要表现在以下四个方面。

1. 产品种类丰富，结构多样

（1）随着经济发展和人们生活水平的提高，食品工业在满足城乡居民基本生活需求的基础上，面向市场需求，为消费者提供了大量的、品种丰富的食品。

（2）速冻食品、快餐食品、净菜、各种保鲜包装配制食品等，已经进入居民的一日三餐。

（3）各类食品在质量、品种、档次、功能以及包装等方面已基本满足不同消费群体的需求。

2. 中国食品工业持续、快速、健康发展，经济效益稳步提高

（1）产品结构持续优化，有效满足了消费者日益增长的多层次需求。精深加工食品的比重有不同程度的上升，如液体乳产量占到乳制品总量的90%以上；软饮料制造业打破过去一直以碳酸饮料为主的局面，形成了包装饮用水、碳酸饮料、果蔬饮料、茶饮料等多元化发展的态势；粮油行业中，特制二等以上的精制小麦粉占小麦粉总产量的68%；标准一等米以上的精米占大米总产量的92%；特等大米在大米中所占比重超过33.9%。

（2）加工技术和装备接近或达到国际领先水平。肉制品、乳制品、饮料、啤酒等行业的大型企业普遍拥有世界一流水平的生产设备和检验设备，产品质量得到了保证。膜分离、无菌灌装、浓缩、冷加工等加工关键技术的开发和应用缩短了中国食品加工技术和装备与国际先进水平的差距。

3. 产品质量提高，知名品牌增多

改革开放后，我国大力引进国外先进技术、工艺和设备，对加快我国食品工业的发展起到了积极的推动作用。技术装备的引进与国产化相结合，促进了食品工业企业的生产能力和产品质量的提高。通过实施名牌战略，开展创名牌活动，我国食品工业已经涌现出了一大批产品质量稳定、信誉好、知名度高的注册商标，其中一部分已被认定为中国驰名商标，形成了国产知名品牌。

4. 企业向大型化、集团化发展

改革开放四十多年来，食品工业的产业结构发生了深刻的变化，出现了一批跨地区、跨部门、跨所有制的大型企业集团。这些企业集团的共同特点是起点高、发展快、规模经济效益明显。

（五）我国食品工业的发展方向

我国食品工业发展应该以发展为主题、市场为导向、效益为中心、农业为基础，深化国有企业改革，努力发展企业大集团；依靠科技进步，促进结构优化和升级，搞好食物资源的合理开发和综合利用；改善居民膳食结构，提高人民的营养水平；建立现代食品工业生产和市场体系，保持我国食品工业持续、快速、健康地发展。

1. 实行集约化生产和现代企业化经营

当前，全球食品产业已发生深刻变革，技术装备更新换代更为频繁，食品加工制造智能低碳趋势更加多元，产品细分市场日新月异更趋丰富，必须建立和组建大型企业集团，实行现代企业经营方式，通过专业化、规模化经营，开展树品牌等市场营销活动，在竞争中不断发展，提高市场竞争力。

2. 大力发展方便食品和功能食品

随着人们现代生活节奏的加快，方便食品市场前景广阔，我国的方便食品今后将进入大发展时期。人们的餐桌上会出现丰富多彩的食用方便、营养可口的方便食品。近年来，方便食品行业整体呈增长态势，经济规模不断提升，产品方便性、安全性、健康性、营养性不断增强，市场竞争力持续提升。方便食品行业转化了大量农副产品，为改善民生、保障"三农"利益及满足市场需求做出了重要贡献。

具有特殊功能因子的营养食品，可以满足特殊人群和特殊环境下人群的需求，在今后会有较大幅度的增长。

3. 发展食品深加工，形成与农业相衔接的食物产业体系

我国食品工业产值只相当于农业产值的 40% 左右，而发达国家一般则高于农业产值的 1~2 倍；我国工业食品的消费仅占食品消费总量的 30% 左右，而发达国家约达 80%。农业与食品工业有着有机的联系，在今后几年，深加工和精加工的食品产品将会有较大的发展。

4. 食品工业中的科技含量不断提高

近年来，我国食品科技创新成果不断，对世界食品科技先进水平的追赶不断加速，食品工业的优势和特色也更加鲜明，食品产业科技创新迎来了新一轮发展，要重视基因工程、细胞工程、酶工程和发酵工程等现代生物技术在食品工业中的应用。高新技术的应用对于提高食品质量、生产效率和效益、促进食品全行业的升级将起到极其重要的推动作用。

5. 建立与完善食品质量安全管理和保障体系

《食品安全法》对食品安全管理提出了更高的要求，国家也明确提出要建立食品安全全程追溯制度。通过完善立法、法规和条例的实施，采用经济手段以及必要的行政手段，强化对食品生产和市场的监督，确保食品质量。要保障食品工业的健康发展，必须建立完善有效的食品质量管理和保障体系。产品要进入国际市场，就要实行与国际接轨的标准化体系和全程质量控制体系，大力发展无公害、无污染的绿色食品、有机食品，跟上世界食品消费发展的新潮流。

6. "互联网+"技术与食品工业紧密结合，促进食品工业的转型升级

我国食品工业发展面临着转型升级的新挑战，电子商务的发展将重构中国食品产业，利用"互联网+"技术，实现业态创新、商业模式创新以及商贸流通技术运用创新，是未来我国食品工业发展的新方向。

任务二　市场与市场机制

企业在经济社会中是一种独立的经济实体，它用一定的经济投入换取一定量的经济报酬。在市场经济中，企业的报酬来自商品或服务的销售收入，销售收入的多少取决于企业的产品是否为市场所需要，每种产品能否卖出好的价钱。市场和市场机制是市场经济理论中最重要的组成部分，是推动人类社会发展和经济繁荣的手段，企业开展市场营销是市场经济发展的必然产物。

一、市场的定义

市场属于商品经济的范畴，是商品经济的产物。市场是连接生产和消费的桥梁和纽带，哪里有商品生产和商品交换，哪里就有市场。

关于市场的定义有多种表述，归纳如下：

（一）市场是商品交换关系的总和

市场主要指买卖双方、卖方之间、买方之间、买卖双方各自与中间商、中间商与中间商之间进行交换时发生的关系。在现代社会中，市场已经超出了有空间和时间限制的商品交易场所。当产品还在生产过程中时，已经开始寻找买者，商品的交易活动在产品生产过程中就开始了。可以说，现代经济社会中，市场已经演化为由货币和价格作为媒介物而联系在一起的商品供求关系。

在产品市场上，社会公众代表消费者，他们用自己的货币收入向生产企业购买各种消费品以满足自己的需求，生产企业则向消费者出售产品以回收投资，取得利润。这样，在产品市场就形成了以货币为媒介的消费品供求关系。

在生产要素市场上，企业以货币向社会公众购买生产要素以进行产品的生产，而社会公众通过向企业提供劳动、资本等各类生产要素获得货币收入。

（二）市场是进行商品交易的场所

在这里一般特指地点、场地设施和交易方式。

（1）按市场所处的地理区域可以分为：产地市场、消费地市场、国内市场、国际市场等。

（2）按买卖交易方式可以分为：批发市场、零售市场、百货商场、超级市场、购物中心等。

（3）按主要交易商品的种类可以分为：蔬菜市场、粮食市场、水产品市场等。

（三）市场是某种商品或劳务所有现实购买者和潜在购买者的总和

市场营销学必须从企业的角度去观察市场和解释市场。一个有现实需求的有效市场应具备人口、购买力和购买欲望 3 个要素。市场的定义用简单的公式可以概括为：

$$市场 = 人口 + 购买力 + 购买欲望$$

1. 人口

人口是构成市场的基本要素，人口的多少在一定程度上决定了市场的大小；中国人口众多，市场规模庞大。

2. 购买力

购买力是指人们对购买商品或劳务的货币支付能力，由购买者的收入多少决定，收入高，购买力也高，市场也就大。

3. 购买欲望

购买欲望是指人们购买商品的动机、愿望和要求。只有人口和购买力，而无购买欲望，或只有人口和购买欲望，而无购买力，都不能形成现实有效的市场，只能说是有潜在的市场，这一部分人称为潜在购买者。对潜在的购买者来说，一旦条件产生变化，或许是受广告的影响，会由无购买欲望转变为有购买欲望，其潜在需求就可以转化为现实需求，潜在购买者构成了卖主的潜在市场。对于企业来说不但要了解现实市场，还要研究潜在市场，才能制订出正确的生产计划和营销策略。

市场营销学意义的市场可以从企业面对的两个市场来考虑：

1. 生产要素市场

在这个市场上，企业作为买方，是需求者。

在现代经济社会中，生产要素市场的供求关系也已经表现为买方市场，企业不担心购买不到生产要素。因此，在通常情况下，企业并不把生产要素的供应当作一个市场，而仅作为一种影响企业生产与营销的资源条件来看待。

2. 产品市场

在这个市场上，企业出售自己的产品，是供应者。

消费者购买的数量越大，企业的产品销售市场也就越大。在市场经济条件下，企业十分重视产品市场，如果一个企业不能把自己生产的产品销售出去，就无法回收投资和获取利润，就会影响企业本身的正常经营，产品市场对企业的生存和发展是至关重要的，是市场营销学研究的主要内容。

二、市场的特征

市场是一个有机的整体。企业在了解市场性质的基础上，更需要分析其规模、衡量其大小，以便正确地制订最佳生产和销售计划。

(一) 影响市场需求的因素

1. 价格因素

市场上同样的商品经常有不同的价格。在一般情况下，商品的价格和需求量之间总是表现为一种反向变动关系，即一种商品的价格越高，市场可能的需求量越少；价格越低，市场可能的需求量越大。因此，某种产品价格的高低直接关系该产品市场的大小，降低价格有利于扩大市场。

2. 非价格因素

非价格因素指除了价格以外会对需求量产生影响的因素。随着经济的发展以及消费者收入水平的提高，非价格因素对需求量的影响越来越明显。

（1）消费者的收入。对大多数商品来说，消费者的收入越高，可能的需求量就越大，但对不同的商品来说，影响程度不同，一些低档商品的需求量反而会因人们收入的上升而下降。

（2）消费偏好。广告宣传等可以使消费者在心理上对某种产品产生偏好，增加需求量。

（3）相关产品的购买量。一种产品的需求量增加，会导致另一种产品的需求量减少，这被称为市场的替代效应，两种产品互为替代品，如咖啡和茶叶、米饭和面食。当一种产品的需求量增加时，另一种产品的需求量也随之增加，这称为市场互补效应，如铅笔和橡皮、打印机和墨盒。

（4）消费者对价格变动的预期。在市场价格出现变动时，消费者如果预期今后价格会上升，就可能提前购买，扩大了当前的需求量；反之，如果消费者认为价格在不远的将来可能下降时，会推迟购买，减少了当前的需求量。

（二）市场的结构特点

市场结构包括两个方面的含义。一是指组成结构，总体市场由各个有其不同特点的局部市场组成，可以按照地理、人文、商品等特点对市场加以区分，为不同的企业寻找自己的营销目标提供依据；二是指竞争结构，根据行业市场竞争程度进行划分，主要用来研究企业在不同竞争结构市场中的市场行为和应采取的营销策略。

1. 市场组成结构

将总体市场按照一定的标准加以区分，在这些小市场的前面加上一个具体的名字，使其有明确的指向，便于企业根据不同商品、不同地区和不同时间的商品供求特点，有针对性地开展市场营销。

（1）按地理位置分。一般有农村市场、城市市场、国内市场和国际市场等。地理位置不同的市场，其消费群体和社会环境不同，企业所提供的产品和采取的营销策略也应不同。例如，中国的臭豆腐等传统食品在国内市场销量较大，但是一到海外就可能很少有人购买。

（2）按商品类别分。一般有食品市场、家电市场、服装市场、劳务市场、金融市场和文化市场等。还可以更进一步细分，如把食品市场细分为粮食市场、副食品市场、蔬菜市场、水果市场、肉类市场等，不同商品在生产、流通以及消费方面具有不同的特点。

（3）按人文特点分。例如可以按性别和年龄把市场分为妇女市场、儿童市场、老年人市场等；按职业和收入分为工薪阶层市场、高收入群体市场等。每个市场的消费都会受其人文特点的影响。企业在选择目标市场、提供产品时必须注意到各个市场的人文特点，如面向儿童市场的食品应当注重有利于身体发育、成长和智力提高，针对老年人市场的食品应强调抗衰老，有预防老年病的作用等。

2. 市场竞争结构

一个行业中生产企业数量的多少、企业的规模、消费者的数量、产品技术的复杂程度以及市场信息是否公开等因素都会影响行业市场结构，形成具有不同特点的竞争类型市场。行业市场竞争类型大致有完全竞争、完全垄断、垄断竞争、寡头垄断等。

（1）完全竞争市场。完全竞争市场是指不受任何阻碍和干扰的一种市场结构，在现实中很难找到。完全竞争的存在依赖于以下前提：

① 产品是同质、无差别的。

所有厂商生产的产品都是完全相同的，表现在质量、包装、性能等方面都没有差别，产品可以完全替代。因此，卖者不可能根据自己出售商品的某些特色（如广告宣传）而抬高价格；买者对任何一家厂商出售的商品都视为同质的而无任何偏好，更不愿为同一质量产品付出较高价格。

② 买者和卖者数量。

买者和卖者数量很多，任何一个人的购买量或销售量都只占有很小的市场份额，无法通过自己的买卖行为影响市场价格，他们都是市场上既定价格的接受者，而不是价格的决定者。

③ 资源自由流动，进入或退出市场非常容易。

市场上各种生产资源（包括资本、劳动力、技术等）都可以根据市场信息自由地、无限制地在地区间、行业间流入或流出，没有任何阻碍。这意味着当行业有净利润存在时，就会吸引新厂商进入这个行业；行业发生亏损时，亏损企业可以退出该行业。

④ 完全信息。

市场的三个经济主体（买者、卖者、又买又卖者），都有完备、准确的市场信息，充分了解产品的价格和质量，对市场状况和未来变化都有完全的认识。

⑤ 零交易费用。

即市场运行过程中不需要花费任何交易费用。

以上是理想化的完全竞争市场必备的条件和特点，缺少一个就不是完全竞争市场，而是不完全竞争市场。

（2）完全垄断市场。完全垄断市场是指整个行业的市场完全由一家企业所控制的市场结构。完全垄断市场具有以下特点：

① 市场上只有唯一的一个企业生产和销售某种商品，生产者可以自主决定价格。

② 企业生产和销售的商品在市场上不存在任何相近似的替代品。

③ 其他企业很难进入该行业。

完全垄断可分为两类：一类是完全政府垄断，如制币、国有电力、铁路运输业等；另一类是完全私人垄断，如私人企业垄断某一城市的自来水公司或餐饮业等。无论哪种形式的垄断都是一家厂商控制了该行业的全部供给。

（3）垄断竞争市场。垄断竞争市场是指一种既有垄断因素又有竞争因素的市场结构，它是处于完全竞争和完全垄断之间的一种市场。垄断竞争市场的特点如下：

① 市场中厂商数量比较多，每家企业的产品在整个市场中所占比例较小，企业之间存在着竞争。个别企业对市场可以施加有限的影响，是市场价格的影响者。

② 产品有差别，差别造成垄断，同样的产品在质量、包装、形状和商标以至于企业服务

态度、消费者心理感觉等方面都存在差别，因而各个企业成为其产品生产的垄断者。同时，产品具有一定的替代性，因而新企业易于进入市场，利用广告宣传以及其他促销活动开展竞争，每个企业既是垄断者又是竞争者。

③ 企业进出行业是自由的，没有人为的障碍。垄断竞争市场在现实生活中是普遍存在的，例如，食品、日用轻工、手工业等。

（4）寡头垄断市场。寡头垄断市场是指市场上由为数不多的大型企业生产和销售了整个行业的绝大部分产品的市场结构。其中每个企业在该行业中都占较大的份额，对于市场的价格和产量都有举足轻重的影响。

寡头垄断市场与垄断竞争市场类似，也是介于完全竞争和完全垄断之间的一种市场结构。但垄断竞争侧重于竞争，寡头垄断则侧重于垄断。寡头垄断企业控制一个行业的生产经营后，其他厂商进入该行业则非常困难。寡头垄断市场在现代社会里也是一种主要的市场模式，汽车、房地产、钢材等市场的寡头垄断特征都很明显。

三、市场机制

市场经济是通过市场进行调节的国民经济体制。在市场经济条件下，大多数经济问题主要都是通过市场来解决的。市场体系是一种分散决策、自愿合作、自愿交换产品和服务的经济组织形式。市场机制的建立并没有经过人类自觉的、有目的的设计，而是一个自然的发展演化过程。

在市场体系中，价格引导企业做出经营决策。市场上商品价格的高低反映了社会供求的关系，价格影响生产者和消费者的决策。

首先，较高的价格抑制消费者的购买量，同时刺激生产；较低的价格刺激消费，同时抑制生产。追逐利润的生产者根据价格所提供的信息来决定"生产什么"的问题。

其次，市场上商品价格的高低反映了资源的稀缺程度，为使利润最大化，企业必须精打细算，节约成本，最有效地利用资源。市场价格自发协调了企业行为，解决了"如何生产"的问题。

最后，在资源的分配上，几位消费者如果同时需要某件产品，最需要的一位会愿意出比别人高的价格来获得这件产品，生产者当然也愿意卖给出价高的消费者。这样，市场也可以解决"为谁生产"的问题。所有这些决策都是市场机制的作用，经济学家把市场机制比作一只"看不见的手"，在这只手的暗中指引下，社会的生产、交换、分配和消费都可以自发地得到有效调节。

公平竞争，妥协精神，尊重别人的价值判断标准，是交易正常进行的前提。相互信任和对商业道德的一致遵守，是市场机制正常运转的保证。当然，市场机制在某些情况下也会出现"失灵"，需要政府的干预和发挥调控管理的职能。

任务三　市场营销

一、市场营销的含义

中国人民大学商学院郭国庆教授将营销的定义表述为：营销是为了组织自身及利益相关者的利益而创造、传播、传递客户价值、管理客户关系的一系列过程。

菲利普·科特勒对市场营销的定义是：市场营销是通过创造和交换产品及价值，从而使个人或群体满足欲望和需要的社会过程和管理过程。他将市场营销的概念具体归纳为以下三个方面。

（1）市场营销的最终目标是满足欲望和需要；

（2）"交换"是市场营销的核心，交换过程是一个主动、积极寻找机会，满足双方需要和欲望的社会过程和管理过程；

（3）交换过程能否顺利进行，取决于营销者创造产品和价值满足顾客需求的程度以及对交换过程管理的水平。

二、市场营销的核心概念

（一）需要、欲望和需求

1. 需要

需要是指没有得到满足的感受状态，是人类与生俱来的基本要求，比如人们生存需要食物、空气、衣服和住所。

2. 欲望

欲望是指想得到基本需要的具体满足物的愿望。在不同的文化、生活及个性背景下，同样的需要所产生的对特定物品的要求是不同的。例如，一个口渴的中国人为了满足解渴的生理性需要，可能会选择茶，而一个口渴的法国人则可能选择咖啡来满足同样的需要。

3. 需求

需求是指有能力购买并且愿意购买某个具体产品的欲望。人类的需要有限，但其欲望却很多。当具有购买能力时，欲望便转化成为需求。企业必须以消费者需求为核心，清楚需求的状况及可能的变化，需求是企业经营的起点，同时也是企业经营的终点。

（二）产品、服务和体验

1. 产品

产品可表述为能够用以满足人类某种需要或欲望的任何东西。通常用产品和服务这两个词来区分实体产品和无形产品。实体产品不仅在于拥有它们，更在于使用它们来满足我们的需求。

2. 服务

无形产品是指那些看不见、摸不着的"无形"的活动或利益，即服务，如咨询服务、保险服务、经纪服务。

3. 体验

从更广泛的角度来讲，产品还可以包括体验。体验是一种创造难忘经历的活动，是企业以服务为舞台、商业为道具，围绕消费者创造出值得回忆的活动。在竞争日益激烈的今天，体验已经成为企业能够触动顾客心灵的、新的营销产品形式。

（三）顾客让渡价值、顾客满意和质量

1. 顾客让渡价值

顾客让渡价值是按照消费者的主观心理感受来衡量的。实质上是顾客从产品中所获得的收益与所付出的成本的差额。顾客所付出的成本包括货币成本（如交通费、住宿费、购买付款等）和非货币成本（如时间、精力、精神成本等）。顾客价值包括货币价值（如产品价值的保值、增值等）和非货币价值（体现在产品的购买、使用过程中，如良好的服务引起身心的愉悦，优质的产品提升人的地位、形象等）。消费者在购买产品或服务时，总是希望能够付出较低的成本而最大限度地获得收益。所以，为了在竞争中取胜，吸引更多的潜在顾客，企业就必须通过不同的方式和途径让顾客获得更多的让渡价值。

2. 顾客满意

顾客满意是指顾客对其期望被满足程度的感觉。菲利普·科特勒认为顾客满意度是指一个人通过对一个产品的可感知效果或结果与他的期望值相比较后，所形成的愉悦或失望的感觉状态。当顾客从购买和消费某种产品中获得的效用与期望一致时，顾客就会满意；当所获得的效用低于期望时，顾客就会不满意；当获得的效用超出期望时，顾客就会非常满意。可见，顾客满意是一种期望与可感知效果比较的结果，它是一种顾客的心理反应，而不是一种行为。顾客满意对于企业来说有着重要的意义。一个高度满意的顾客会持久地忠诚于企业，会为企业和其产品"说好话"，对价格不敏感。所以，保持顾客高度的满意是企业工作的重点。

3. 质量

早期的企业大多用"无瑕疵"来理解质量要求。但随着竞争的加剧，消费者对质量的要求不断提高，现在绝大多数以顾客为中心的企业对质量的定义已不再限于"无瑕疵"，他们是根据顾客满意来定义质量的。

（四）交易和交换

1. 交易

如果双方通过谈判并达成协议，交易便发生。交易的方式有多种，如货币交易、易货交易以及由此衍生出的种种交易（如服务、观念等交易）。交易从逻辑上说，是某一方付出 X，得到另一方的 Y 作为回报。因此，市场营销就是要促成各种交易的发生，并且使这种交易更加有效。

2. 交换

交换是一个过程，如果双方正在洽谈并逐渐达成协议，称为在交换中。交换还是建立关

系的过程。精明的市场人员总是试图与消费者、批发商、零售商以及供应商建立起长期互利、相互信任的关系。

在满足以下5个条件后，交换才能发生。

（1）两个或两个以上的买卖者。

（2）交换双方都拥有对方认为有价值的东西。

（3）交换双方都拥有沟通信息和向另一方传送货物或服务的能力。

（4）交换双方都可以自由接受或拒绝对方的产品。

（5）交换双方都认为值得与对方进行交换。

（五）市场营销者

市场营销者是指希望从别人那里取得资源并愿意以某种有价之物作为交换的人。在交换双方中，如果一方比另一方更主动、更积极地寻求交换，我们就将前者称为市场营销者，后者称为顾客。当交换双方都在积极寻求交换时，他们都可称为市场营销者，并称这种营销为双向市场营销。

三、市场营销学的产生与发展阶段

（一）市场营销学的产生和发展

市场营销学于20世纪初期产生于美国。近年来，随着社会经济及市场经济的发展，市场营销学发生了根本性的变化，市场营销学发展经历了以下5个阶段。

1. 萌芽阶段（20世纪初期）

经过工业革命，随着西方主要国家生产力的迅速提高，产品需求量也迅速增大，出现了供不应求的卖方市场。此时市场营销学开始创立。

2. 发展阶段（1920—1950年）

1923年美国人尼尔森开始创建专业的市场调查公司，计算货物的流动情况、整个市场的销售规模和各个品牌或公司的市场占有率，成为市场研究的先行者；1932年，克拉克和韦尔达出版了《美国农产品营销》一书，对美国农产品营销进行了全面的论述，指出市场营销的目的是"使产品从种植者顺利地转到使用者手中"；1937年，美国成立了市场营销协会，促进了市场营销理论走向社会，推动了市场营销学的应用和发展。1942年，克拉克出版的《市场营销学原理》一书，在功能研究上进行了创新，把市场营销的功能归结为交换功能、实体分配功能、辅助功能等，并提出了推销是创造需求的观点。

3. 多学科交叉融合阶段（1950—1980年）

1952年，范利、格雷斯和考克斯合作出版了《美国经济中的市场营销》一书，全面地阐述了市场营销如何分配资源、指导资源的使用，尤其是指导稀缺资源的使用；市场营销如何影响个人分配，而个人收入又如何制约营销；市场营销还包括为市场提供适销对路的产品。同年，梅纳德和贝克曼在出版的《市场营销学原理》一书中，提出了市场营销的定义，认为它是"影响商品交换或商品所有权转移，以及为商品实体分配服务的一切必要的企业活动"。由此可见，这一时期已形成市场营销的原理及研究方法，传统的市场营销学已形成。

罗·奥尔德逊在 1957 年出版的《市场营销活动和经济行动》一书中，提出了"功能主义"；约翰·霍华德在出版的《市场营销管理：分析和决策》一书中，率先提出从营销管理角度论述市场营销理论和应用，从企业环境与营销策略二者关系来研究营销管理问题，强调企业必须适应外部环境。

1960 年美国密西根大学教授杰罗姆·麦卡锡提出了 4P 理论（营销组合理论），受到了企业和社会的广泛认同，在营销历史上影响巨大。

1967 年美国市场营销学家菲利普·科特勒出版了《营销管理·分析·计划与控制》一书，该书被认为代表了市场营销学发展的最高水平，标志着市场营销学进入了成熟阶段。菲利普·科特勒认为营销管理的实质就是需求管理，市场营销不仅适用于营利组织，也适用于非营利组织。

乔治·道宁于 1971 年出版的《基础市场营销：系统研究法》一书提出了系统研究法，认为企业就是一个市场营销系统，"企业活动的总体系统，通过定价、促销、分配活动，并通过各种渠道把产品和服务供给现实的和潜在的顾客"。他还指出，企业作为一个系统，同时又存在于一个由市场、资源和各种社会组织等组成的大系统之中，它将受到大系统的影响，同时又反作用于大系统。

进入 20 世纪 70 年代，有人提出了社会营销观念，强调兼顾企业、消费者和社会三者利益的协调与统一。市场营销学逐渐从经济学中独立出来，同管理科学、行为科学、心理学、社会心理学等理论相结合，多学科交叉发展，促进了市场营销学的进一步发展。

4. 分化和扩展时期（1980—2000 年）

在此期间，市场营销领域又出现了大量丰富的新概念，使市场营销这门学科出现了变形和分化的趋势，其应用范围也在不断地扩展。

1981 年，瑞典经济学院的克里斯琴·格罗路斯发表了论述"内部市场营销"的论文，科特勒也提出要在企业内部创造一种市场营销文化，即企业市场营销化的观点。

1983 年，西奥多·莱维特对"全球市场营销"问题进行了研究，提出过于强调对各个当地市场的适应性，将导致生产、分销和广告方面规模经济的损失，从而使成本增加。

1985 年，美国营销协会对早期的相关定义进行了修订，认为"市场营销是关于构思、商品和服务的设计、定价、促销和分销的规划与实施过程，目的是创造能实现符合个人和组织目标的交换"。

1986 年，科特勒提出了"大市场营销"这一概念，提出了企业如何打进被保护市场的问题。在此期间，"直接市场营销"也是一个引人注目的新问题，其实质是以数据资料为基础的市场营销。

20 世纪 90 年代以来，关于市场营销、市场营销网络、政治市场营销、市场营销决策支持系统、市场营销专家系统等新的理论与实践问题开始引起学术界和企业界的关注。

5. 新模式创新阶段（2000 年至今）

21 世纪以来，在互联网的带动之下，各行各业都发生着巨大的变化，尤其伴随着大众媒体的演化，互联网技术的成熟与发展，使市场营销也进入了一种新的模式。

相比较于以往传统的以报纸、广播交通为主的传播方式，互联网模式下的营销实现了技术方面的创新，也使以往营销在内容与方式的发展上突破了固有的局限性，实现了营销的创新，尤其是最近发展的十年中，不同的营销形态开始出现，并且开始向着小众化与精准化的营销模式发展。

（二）我国市场营销发展现状

1978年中国开始了改革开放的伟大历史进程，开始重视发展商品经济和市场经济，市场营销在这一背景下取得了长足的进步和发展。市场营销对国民经济的促进作用日益明显，但限于经济环境和实践条件的客观限制，市场营销在我国的发展现状还存在一些不可忽视的问题。

1. 市场营销缺乏长期战略

对于很多企业来说，真正意义的市场营销运作的时间并不是太长，随着社会化进程的加快，很多企业逐渐地开始接受市场营销策略，但是很多企业对营销的概念理解不透彻，执行上存在缺陷，特别是营销中缺乏对市场动态的准确定位。市场营销必须是一项长期的规划，而不应该将其当成一种短期促销来实施。

2. 市场营销的观念及方式还没有与市场化经济完全接轨

纵观国内多数企业发展过程，其市场营销观念还是基于传统的营销模式，产品销售还是集中在售前和售中，且企业内部职能模块也是平行且相互独立进行。企业的营销往往借鉴别人的成功方案，没有切合自身的产品和市场分析进行深入的方案定制，这在一定程度上造成了销售业绩与实际预想之间的差距。

3. 专业营销人才对市场营销的发展存在一定制约性

从国内多个行业的市场营销调研分析来看，很多营销人员的综合营销能力和专业素养都不是很高。企业为获得更高的经济利润，对营销人员的准入门槛设置得比较低。专业营销人员的匮乏使市场营销比较随机和随便，没有正规的组织管理意识，企业的市场营销行为和措施比较零散。缺乏中高端的营销管理及组织人员是当前国内市场营销发展中普遍存在的一个关键性问题。

4. 营销手段应该与时俱进，不断创新发展

现如今，人们已经进入互联网发展的新时期，传统的商业发展模式已经不适用于现代的发展，营销模式也无法满足企业的需求。因此，在互联网环境下，企业应该对市场营销的模式进行改革与创新，以互联网营销意识作为转变的方向，同时将顾客的需求作为关键性因素，制定合理的市场发展策略。

互联网平台的应用能够降低商业企业的市场营销的成本。与此同时，在互联网的发展环境之下，企业还需要将传统的营销模式与多种商业营销模式相结合，注重线下实体店的积极作用，使线下实体店能够带给用户最为直接的感受，提升用户的满意度。

总而言之，在互联网时代，能够给商业企业的发展带来更多的营销发展机会，商业企业只有不断地创新才能够紧跟时代发展的步伐。中国是一个人口大国，从商品消费能力来看，也是在世界上领先的。虽然目前市场营销现状中仍然存在各类问题，但是从全球经济发展的趋势来看，市场营销还是具有非常广阔的发展前景的。

四、营销观念

（一）生产观念

生产观念是指导企业营销活动的最古老的观念，它产生于 19 世纪末 20 世纪初。生产观念是在生产力和科学技术比较落后、产品供不应求、卖方市场的背景下产生的。企业的主要任务是努力提高效率、扩大生产、降低成本。企业的一切生产经营活动以生产为中心，围绕生产来安排一切业务。生产观念可以概括为"我们会做什么，就生产什么"。这种观念又被人们称作生产导向观念，我国企业在计划经济时期主要是生产导向，经济体制改革后的很长一段时间内，不少行业仍然处于卖方市场，还是遵循以生产为导向的经营观念。

（二）产品观念

产品观念与生产观念的产生有交叉期。产品观念认为，消费者喜欢高质量、多功能和具有某些特色的产品，并愿意为之支付较高的价格。在产品观念的指导下，企业的经营重点和经营管理的中心任务是努力改进产品质量，生产优质产品，并不断地精益求精。以产品观念为指导思想的企业，其常见的现象是企业忙于发明、改进和制造高质量产品，但产品却经常找不到销路或市场，最终将导致"营销近视症"，即企业在市场营销管理中缺乏远见，它过于重视产品本身而忽略了市场的需要，最终使企业经营陷入困境。

生产观念和产品观念都没有把市场需求放在首位，其本质是以生产为中心。二者的区别在于：前者注重以量取胜，后者注重以质取胜。

（三）推销观念

20 世纪 20 年代末，西方国家的市场形势发生了重大变化，特别是 1929 年开始的经济大萧条，使大批产品供过于求，销售困难，竞争加剧，人们担心的已不是生产问题而是销路问题。于是，推销技术受到企业的特别重视，推销观念成为企业主要的指导思想。

推销观念认为滞销的原因来自消费者缺乏购买积极性和主动性，企业如果不努力推销，消费者就不会大量购买。因此，企业必须建立专门机构，大力施展推销技术。这种观念可以概括为"我们能生产什么，就努力去推销什么"。推销观念的产生，说明销售工作在企业营销管理工作中的地位大大提高了一步。但是，从生产和市场的根本关系来看，仍然没有跳出"以生产为中心"的圈子。不同的是，推销观念强调消费者一般不会根据自己的需要和意愿主动选择和购买商品，只能通过推销产生的刺激，诱导消费者产生购买行为。这样，推销部门的任务就是采用各种可能的手段和方法，去说服和诱导消费者购买商品。至于商品是否符合顾客的需要，是否能让顾客满意等问题，都是次要的。

同生产观念和产品观念一样，推销观念也是一种传统的市场营销观念，建立在以企业为中心，而不是以消费者为中心的基础上。

（四）市场营销观念的形成

市场营销观念是一种全新的营销管理哲学，形成于 20 世纪 50 年代。它是第二次世界大战后在美国新的市场形势下形成的。市场营销观念又称市场导向，它以顾客为中心采取整体营销活动，在满足顾客利益的基础上，获取企业利润，促进企业发展。

市场营销观念产生的原因，一是由于第二次世界大战后生产力的迅速发展，许多产品供大于求；二是西方资本主义国家普遍实行高工资、高福利、高消费的所谓"三高"政策，使消费者的购买力增加，消费需求不断发生变化，对商品的购买选择性大大增强。原来的卖方市场迅速转变为买方市场。许多企业都认识到：在进行生产之前，必须首先分析和研究消费者的需要，在满足消费者需要的基础上，企业才能生存和发展。市场营销观念的原则是"顾客需要什么，就生产和销售什么"，或者"能销售什么，就生产什么"。因而提出了"哪里有消费者的需要，哪里就有我们的机会"和"一切为了顾客的需要"等口号。

市场营销观念的理论基础是"消费者主权论"，即决定生产何种产品的主权不在于生产者，也不在于政府，而在于消费者。在生产者和消费者的关系上，消费者是起支配作用的一方，生产者应当根据消费者的意愿和偏好来安排生产。市场营销观念是一种以顾客需要和欲望为导向的经营哲学，它把企业的生产经营活动看作是一个不断满足顾客需要的过程，而不仅是制造或销售某种产品的过程。

简而言之，市场营销观念是"发现需要并设法满足他们"，而不是"制造产品并设法推销出去"；是"制造能够销售出去的产品"，而不是"推销已经生产出来的产品"。因此，"顾客至上""顾客是上帝""顾客永远是正确的""爱你的顾客而非产品""顾客才是企业的真正主人"等口号，成为这一营销观念的典型特征。

（五）社会营销观念

社会营销观念是对市场营销观念的补充、完善和发展。20世纪70年代以来，西方国家市场环境发生了许多变化，如能源短缺、通货膨胀、失业增加、消费者保护运动盛行。在这种背景下，人们纷纷对单纯的市场营销观念提出了怀疑和指责，认为市场营销观念没有真正被付诸实施，即使某些企业真正实行了市场营销，但它们却忽视了满足消费者个人需要同社会长远利益之间的矛盾，从而造成了资源大量浪费和环境污染等社会弊端。

社会营销观念认为，企业不仅要满足消费者的需要和欲望并由此获得企业利润，而且要符合消费者自身和整个社会的长远利益，要正确处理消费者欲望、企业利润和社会整体利益之间的矛盾，统筹兼顾，求得三者之间的平衡与协调。社会营销观念要求企业的营销活动要充分地利用资源，在满足消费者需求、取得合理利润的同时，也要保护环境，减少污染，维持一个良好的社会环境和生态环境，不断提高人们的生活质量，实现社会的可持续发展。

通过对以上市场营销观念演化过程的分析可以看出，前三种观念都是以产品为中心，企业首先考虑的是产品，不是消费者，通过推销的手段来销售已经生产出来的产品，把市场作为生产和销售过程的终点；后两种观点是以消费者为中心，企业首先考虑的是消费者的需求，而不是产品。企业根据消费者的需求来设计和生产产品，合理搭配和使用各种营销手段，制定出既满足市场需求，又利于企业长期发展的营销策略。

五、市场营销的功能

企业市场营销作为一种活动有如下四项基本功能：

（一）发现和了解消费者需求

现代市场营销观念强调市场营销应以消费者为中心，企业也只有通过满足消费者的需求，才可能实现企业的目标。因此，发现和了解消费者的需求是市场营销的首要功能。

（二）指导企业生产和经营管理

企业经营管理策略的正确与否是企业成败的关键，企业要谋得生存和发展，很重要的是做好经营管理工作。企业通过市场营销活动，分析外部环境的动向，了解消费者的需求和欲望，了解竞争者的现状和发展趋势，结合自身的资源条件，指导企业在产品、定价、分销、促销和服务等方面做出相应的、科学的决策。

（三）开拓市场，增加销售

企业市场营销活动的另一个功能就是通过对消费者现在需求和潜在需求的调查、了解与分析，充分把握和捕捉市场机会，积极开发产品，建立更多的分销渠道及采用更多的促销形式，开拓市场，增加销售。

（四）满足消费者需求，创造经济和社会价值

满足消费者的需求与欲望是企业市场营销的出发点，也是市场营销的基本功能。企业通过市场营销活动，从消费者的需求出发，并根据不同目标市场的顾客，采取不同的市场营销策略，合理地组织企业的人力、财力、物力等资源，为消费者提供适销对路的产品，搞好销售后的各种服务，让消费者满意。

任务四　食品市场营销

一、食品市场营销的含义

食品市场营销是食品企业收集、分析和研究消费者需求、开拓市场、实施经营管理战略和售后服务等各项活动的综合。

（一）从食品定义的角度

从食品的定义看，食品生产者包括食品工业企业和农业企业，他们都从事食品的生产。食品工业企业在经营方式上属于工商企业，而农业企业的概念比较模糊，尤其是在像我国这样以小农户经营为主的国家，农业企业的界定是比较困难的。在研究市场营销时，一般规定农业企业不但包括所有从事食品生产、加工、流通的企业，还包括农场、农业生产大户、生产者组织和产地政府，他们都是农产品和食品市场营销的主体。与农业企业相比较，食品工业企业更加规范化，具有典型的企业特征。

（二）从产品的角度

从产品的角度来说，食品市场营销是指从初级生产者到最终消费者的转移过程中，与投入品和消费品有关的所有交换和服务活动，营销的核心是交换。

（三）从企业的角度

从企业的角度看，食品市场营销是出售食品企业产品的所有必要活动。例如，一个面粉企业的产品市场营销工作就需要处理产品设计、包装、品牌的选择、销售，以及制定促销策略、定价策略和选择分销渠道等许多问题。

（四）从市场经济的角度

从市场经济的角度看，食品市场营销是在遵从经济发展规律，调动一切资源和使用一些合规合法的手段，引导和促使消费者自由选择所需商品，实施购买行为的活动综合。市场营销是市场经济的突出特征和典型经济活动。

（五）从社会发展角度

从社会的角度讲，食品市场营销是确认消费者和社会的需要，并使其得到满足的一种社会经济活动过程。近几年，环境污染的加剧、有限自然资源的过度消费等问题日益引起社会公众的关注，市场营销也开始重视社会的可持续发展。

二、食品市场营销的功能

食品市场营销的功能是指食品企业为缩短生产和消费之间的距离，消除市场障碍，提供给消费者所期待的产品效用的基本流通过程和服务。由于在生产和消费之间，存在着信息的、空间的、时间的、所有权的不一致性，市场营销能够帮助食品企业克服和消除这些不一致性，实现生产和消费的相互协调，达到增加产品的效用、最大限度地满足消费者需求的目的。

（一）食品市场营销的流通功能

食品市场营销的流通功能体现在原料收集、原料分级、原材料储藏、食品加工、产品包装、产品库存、产品分销和产品运输8个方面。

1. 原料收集

用于食品加工的原料农产品广泛分散于远离加工厂的各个地理区域，将其运往加工地点集中起来，是实现地点效用的营销活动。例如，速冻蔬菜加工厂要从周围的农村产地收购新鲜蔬菜；乳品厂要到各地的乳牛养殖场收集牛乳。

2. 原料分级

由于每年气候条件不同，不同地区作物生长环境条件也不同，因此原料品质会产生差异，这会影响工厂产品的质量。农产品收集起来以后，要进行分级，原料等级的价格受最终产品价格的影响。例如，果品和蔬菜要经过大小分级，保证产品一致，达到制造商或消费者市场的要求。美国不同等级的水果最终用途不同：特级品送往礼品市场；一级品进入高收入者的食品商场；二级品供应中低收入者；三级品专供生产罐头或果汁的加工厂。

3. 原材料储藏

农产品加工企业生产有一定的季节性，原料和配料也是季节性使用，原料必须放到仓储设施中储藏到需要使用的季节。不同的产品使用不同的储藏设施，谷物需要用传送带搬运并存入高大的圆筒式粮仓中；果品之类易腐烂的产品，需要低温冷藏库储存；还有一些产品，如蛋黄用于食品加工时，需要冷冻储存。

4. 食品加工

活体家畜经屠宰厂加工变成白条肉，白条肉又经过肢解加工变成在食品商店里直接销售的各种形式的加工肉；果品和蔬菜也要经过果汁厂、罐头厂或速冻加工厂进行加工；谷物类则经过磨碎并加入其他配料而制成各种配方食品。对于食品来说，多级加工变得越来越普遍。例如，原料先加工成配料，再送往工厂制成糕点、速溶食品和方便食品等。

5. 产品包装

食品的形态多种多样，有块状、粒状、粉状、浆状、液态等，需进行不同包装。食品包装的目的包括以下 7 个方面：

① 保障食品安全。

② 便于贮运、销售，避免损坏。

③ 防止吸湿、氧化和腐败，延长保存期。

④ 定量化，便于销售。

⑤ 增加美感，提高附加价值。

⑥ 传递产品信息，用于产品说明和标识，如用标签说明产品、介绍品牌等。

⑦ 促进产品营销。

近年来，由于包装材料和包装技术的发展使食品提高了品质，减少了损失，并且改善了外观，提高了品位和档次，但是过度包装的问题也需要引起重视。

6. 产品库存

食品在分销渠道中必须保持足够的储量，以便及时补充零售货架上的空缺。企业的产品仓库、批发商的商品储备库、零售商的库房、专门为需要者出租的仓储设施等都是产品储存场所。

7. 产品分销

指食品企业将产品分销给批发商、零售商和消费者的过程。企业可以自己建立独自的分销网络，也可以利用中间商渠道，将集中在加工厂仓库中的产品分配到各零售点去。

8. 产品运输

运输几乎贯穿市场营销活动的所有阶段。加工企业要从远离工厂的地方取得原料资源，或者把产品销往其他地区，运输是一个关键的环节。

(二) 食品市场营销的服务功能

食品市场营销的服务功能体现在市场分析、产品开发、需求开发、交换服务和市场信息 5 个方面。

1. 市场分析

市场分析是通过了解和分析市场的供求特点和环境条件，设法把消费者的现实或潜在需求同企业联系起来，把握市场需求特点的过程。食品企业在研制和开发产品时，首先要进行市场分析，否则生产的产品和市场需求不匹配，就会导致产品销售不出去，造成巨大损失。市场分析需要专业的团队运用科学的方法来进行和完成。

2. 产品开发

产品开发包括新产品的开发和对现有产品的改进。市场营销要求食品企业要不断推出新的产品，并进行严格的市场试销，以便适应消费者的物质和心理需要，从而提高产品的效用。食品的形状、包装、品牌的改进也属于在原有产品基础上的产品开发。

3. 需求开发

市场营销需要刺激消费者和市场需求、创造需求，提高需求的水平，这项工作主要是由食品加工企业来承担的。介绍新产品的广告投入大，市场开拓花费时间长，一个新的产品在几周内就可以生产出来，但要被人们充分认识也许要花很长的时间；中间商在帮助食品企业推介新产品或新品牌方面也会起到重要的作用，通过批发商、零售商的介绍，顾客会逐步形成对这种产品的需要。

4. 交换服务

交换发生在食品市场营销的各个不同层次和环节。例如，有加工厂和农户之间的原料交换，还有中间商和加工厂之间、中间商和消费者之间的产品交换等。交换双方一经达成协议，交换就可能发生。交换形成价格，价格反映了供求关系，这在农产品市场交易、拍卖中最为明显。交换服务功能还包括货币的支付、银行结算及交货等方面。

5. 市场信息

市场信息为参与市场交换的所有各方提供依据，使消费者选择那些最能满足他们需要的产品和服务，也使食品企业能够做出合理的决策来满足消费者的需要。国外一些大型食品企业或公共部门建有市场营销信息系统，用于收集、分析、预测和传递产品未来的销售趋势，为企业和社会公众提供完善的市场信息服务。

三、食品市场营销学的学科性质

食品市场营销学是一门以经济科学、行为科学、现代管理理论为基础，研究以满足消费者需求为中心的食品企业市场营销活动及其规律性的综合性应用科学。虽然市场营销学是20世纪初从经济学的母体中脱胎出来的，但是，食品市场营销学不是一门经济科学，而是一门应用科学，属于管理学的范畴。

事实上，食品市场营销学的发展经历了一个充分吸收相关学科研究成果、博采众家之长的跨学科演变过程，进而逐步形成了具有特定研究对象和研究方法的独立学科。其中，经济学、心理学、社会学以及管理学等相关学科对食品市场营销思想的贡献最为显著。

四、食品市场营销学的特点

由研究对象和学科性质决定食品市场营销学具有实践性、微观性、综合性和发展性4个显著的特点。

（一）实践性

食品市场营销学是食品企业经营活动成功经验的总结，其理论、原则、方法和策略都是在实践中产生的，并在实践活动中不断得到修正、完善和发展。食品市场营销学不是纯理论性研究，而是一门应用性、实践性很强的学科。食品市场营销学的理论、原则和方法比较简单，容易掌握，可以很快地应用于食品企业经营管理活动之中，为企业制订营销计划和决策服务。

（二）微观性

微观性是指食品市场营销学的研究主要是从食品企业的角度，着重于研究微观市场营销活动的经营策略、方法与技巧。食品市场是食品生产和食品交换的具体实现领域，市场机制的运行，市场结构、市场功能、市场环境的形成，市场作用的发挥都是宏观问题，这就决定了食品市场营销学也要研究宏观问题，但不是从国家的角度研究，而是从食品企业的角度研究如何适应具体市场的问题。所以整体上来说，食品市场营销学研究的侧重点应该是微观。过去，在我国的市场理论研究中，对微观的研究是一个薄弱的环节，特别是对食品企业进行营销活动的具体策略和方法研究不够。

（三）综合性

食品市场营销学是在经济学、心理学、商业学、社会学、计量经济学、统计学、管理学、市场营销学等基础上建立起来的一门新的学科，具有明显的综合性和跨学科性。

（四）发展性

食品市场营销学产生的历史并不是很悠久，如所有的学科和理论一样，会随着消费者的需求变化、社会的发展和科学技术的进步处于动态变化和发展的过程之中。食品市场营销学有很大的发展空间，其理论体系也会越来越完善，并进一步推动企业和社会经济的进步。

五、食品市场营销学的研究对象

食品市场营销学的研究对象主要是食品企业的营销活动及其规律性，研究卖方的产品或服务如何转移到消费者和用户手中的全过程；探讨在生产、流通和消费领域内运用一整套原理、方法和策略，不断拓展和完善食品市场的全部营销活动以及相应的科学管理。

食品市场营销学的研究对象是随着食品市场体系的发展而逐渐形成的。随着人类社会经济的发展，食品市场营销学的研究范围已经大大地突破了原来的食品销售（流通）领域，而向前延伸到了食品生产领域和产前的各种活动（包括消费者需求和食品市场研究、食品开发、市场管理和市场发展等），又向后延伸到了食品流通过程结束以后的消费过程（包括售后服务、信息反馈和改进完善等），整个食品市场营销学的研究对象已经扩大到从研究消费者的需求开始，一直到如何保证消费者的需求得到真正和全部的满足为止的全过程。这样，实际上形成了一个由研究食品市场（消费者）需求开始，最后又以满足食品市场（消费者）需求为终结的循环往复过程。

具体来说，食品市场营销学的研究对象主要包括消费者需求的获取和分析、营销环境分析、营销调查与市场预测、消费者市场和消费者行为分析、组织者市场和购买行为分析、产品策略、促销策略、定价策略、营销管理和网络营销等。

因此，围绕食品企业和市场的具体情况开展理论联系实际的教学和研究显得越来越重要。学习食品市场营销，培养高素质的食品营销专业人才，对于迅速提高食品企业的管理水平，增强市场竞争力具有十分重要的意义。

复习思考题

1. 需要、欲望和需求的概念是什么？
2. 市场营销观念有哪几种？分别是什么？
3. 食品的分类方法有哪些？分别是什么？
4. 请简述我国食品工业的现状。
5. 食品市场营销的研究对象有哪些？

思政小课堂

项目二　食品市场营销环境

学习目标：
1. 掌握：营销环境的含义；营销环境的分类和主要内容。
2. 熟悉：营销环境的特点。
3. 了解：营销环境分析的意义。

任务一　食品市场营销环境概论

包括食品企业在内的所有企业的营销活动都是在一定的环境下进行和开展的，企业的营销活动必然会受到周围环境不同程度的影响。环境的变化对企业的发展具有两面性，既可能给企业带来机会，促进企业的发展；也可能给企业带来威胁，阻碍企业的发展。随着市场经济的不断发展和居民收入及生活水平的不断提高，企业的环境条件也在不断地变化。企业必须重视对营销环境的分析与研究，探寻和把握有利的市场机会，趋利避害，促进企业持续稳定的发展。

一、营销环境的含义

营销环境的含义在不断地完善和发展。菲利普·科特勒认为"企业的营销环境是由企业营销管理职能外部的因素和力量组成的，这些因素和力量影响管理者成功地保持和发展同其目标市场顾客交换的能力"。因此，营销环境是指与企业营销活动有关的外部因素的集合，是企业营销活动的基础与条件。

不同的环境因素对营销活动各个方面的影响也不尽相同，同样的环境因素对不同的企业所产生的影响也会大小不一。企业市场营销环境的内容广泛而复杂，一般将营销环境划分为微观营销环境和宏观营销环境。

微观营销环境也可称为直接营销环境，是指与企业紧密相连，直接影响和制约企业营销活动的环境因素，主要包括企业、供应商、营销中介、顾客、竞争者以及社会公众及影响营销管理决策的企业内部各个部门。

宏观营销环境也可称为间接营销环境，是指随着时间的推移，能够间接地影响与制约企业营销活动的环境因素，主要包括人口、自然、经济、政治、法律、技术和文化等。间接营销环境要受制于直接营销环境，宏观环境主要以微观环境为媒介间接影响和制约企业的营销活动。

二、营销环境的特点

营销环境是一个多层次、多因素且不断变化的综合体，营销环境具有以下 5 个特点。

（一）客观性

客观性是指营销环境的存在不以营销者的意志为转移。企业只能去认识、适应、利用营销环境，而较难摆脱和控制营销环境。企业可以主动适应环境的变化和发展，通过调整营销策略和进行科学预测等自身能动性的发挥，降低环境因素给企业带来的不利影响。例如，企业不可能控制国家宏观政策的制定，改变人口规模和结构的变化，也不能控制竞争者的营销活动，企业要主动并善于利用一切可以控制的手段来影响自身的营销环境中不可控制的客观因素。

（二）复杂性

营销环境的构成要素涉及多方面、多层次的各种复杂因素，各种环境要素之间相互影响、相互作用。一个企业的营销活动不仅会受单一环境因素的影响，而且会受到多种环境因素的共同作用。即使同一环境因素对不同企业的影响也不尽相同，而对同一企业在不同的发展阶段，影响也可能不同。

（三）差异性

不同企业在不同国家和地区受不同营销环境的影响，同样，在同一国家或地区的同一种环境变化对不同企业的影响也不尽相同；同时，企业的营销活动不仅受其中某一种环境因素的影响，还会受多种环境共同制约，所处的营销环境是各种因素相互作用的结果。因此，企业为适应环境的差异性，必须制定各有特点和针对性的营销策略。

（四）动态性

随着社会经济和科学技术的发展，营销环境的整体和各种构成因素都始终处在一个动态变化的过程中，其中任何一种因素都在不断地变化着，并相互影响着。

环境的动态性主要体现在两方面：一方面是不同环境因素间的相关性影响，即一种环境因素变化会导致另外一种环境因素随之变化；另一方面是同一种环境因素内部间的影响，即每一个环境内部的子因素变化会导致环境因素的变化。尽管各种环境因素都处于不断地变化中，但变化的节奏却并非一致。例如，科技和经济环境因素变化相对较快、较强，因而对企业营销活动的影响相对短且跳跃性大；人口、自然、社会和文化因素等变化相对较慢、较弱，因而对企业营销活动的影响相对长且稳定。

（五）局限性

食品企业的市场营销环境总是有一定的时空界限和局限的。市场营销环境的研究总是在特定的时间和空间范围内进行的，市场营销相关研究者和执行者需要对其局限性有清晰的认知。

三、营销环境分析的意义

企业营销活动成败的关键在于企业能否适应不断变化的营销环境。"适者生存",企业的营销活动必须适应环境的变化,同时不断地修正和调整自己的营销策略,如果企业不能很好地适应外界环境的变化,则会在竞争中失败,被市场淘汰。当然,在强调企业对所处环境的反应和适应的同时,并不意味着企业对环境仅仅是无能为力的,只能消极被动地改变自己以适应环境,而是应变被动为主动,充分发挥企业能动性,从积极的角度出发去适应环境的发展需求。

企业既可以以各种不同的方式增强适应环境的能力来规避环境带来的威胁,也可以在环境的变化中寻求新的发展机会,为企业创造一个更有利的活动空间。在菲利普·科特勒提出的"大市场营销"理论中认为,企业可以运用能控制的方式或手段,影响造成营销障碍的人和组织,争取有关方面的支持,使之改变做法,从而改变营销环境。

总之,企业只有加强对营销环境的分析和持续研究,对营销环境做出客观的判断和预测,对其自身条件进行正确的分析,明确自身的优势和弱点,才能使企业制订正确的营销计划和营销策略;才能使企业生产适销对路的商品、满足消费、引导消费;才能使企业增强活力,在竞争中处于有利地位,不断提高经济效益。

任务二　宏观市场营销环境分析

宏观营销环境是指随着时间的推移,能够间接地影响与制约企业营销活动的环境因素。这些因素主要包括人口环境、经济环境、政治和法律环境、自然地理环境、科学技术环境和社会文化环境6个方面。

一、人口环境

人口是市场营销的基本要素,市场是由有购买意愿并且有购买力的人构成的。人口越多,相对来说市场规模就越大。人口数量、人口增长速度、人口的年龄和性别结构、地理分布、婚姻状况、人口密度、人口流动性及文化教育情况等方面都会对市场营销产生深刻影响。

(一) 人口数量与增长速度方面

人口数量在很大程度上决定了市场规模和潜在容量,人口越多,如果收入水平不变,则对食物、衣物、日用品的需求量也越多,市场也就越大。因此,按人口数目可大略推算出市场规模。我国人口众多,中国市场是全球市场的最重要组成部分之一。

人口的增长速度在很大程度上反映了市场的未来性和成长性,中国现阶段人口增长放缓的趋势明显,需要引起国家足够的重视。

(二) 人口结构方面

人口结构主要是指人口的年龄结构、性别结构、社会结构、家庭结构、民族结构和受教育程度。

1. 年龄结构

人群按年龄分为胎儿、婴儿、学龄前、学龄儿童、青少年、中年人和老年人。不同年龄阶段的消费者对商品的需求差异很大。我国人口年龄结构的显著特点是：现阶段，青少年比重约占总人口的一半，我国人口老化现象已经出现，而且人口老化速度较快，老年人用品的需求会提高和扩大。

2. 性别结构

人口的性别不同，其市场需求也有明显的差异。据调查发现，0~62岁年龄组内，男性略多于女性，其中37~53岁的年龄组内，男性多于女性10%左右，但到73岁以上，女性多于男性20%左右。反映到市场上就会出现男性用品市场和女性用品市场兴旺状况不一的情况。随着社会的进步和经济的发展，我国妇女就业人数在增加，家庭收入也在增加，这为市场提供了新的容量，但女性消费者通常喜欢购买家庭日用品、儿童用品和自己的日用品、化妆品等，男性消费者则更喜欢购买家庭的大件物品等。

3. 社会结构

我国的人口大部分在农村，农村是一个广阔的市场，有着巨大的潜力。城市市场竞争激烈，而农村市场相对薄弱，这一社会结构的客观因素决定了企业在国内市场中，应当以农民为主要营销对象，将市场开拓的重点放在农村，尤其是一些食品加工企业，更应注意开发一些质优、物美、价廉的食品来满足农民的需要。

4. 家庭结构

家庭是社会的细胞，是购买和消费的基本单位。家庭单位的数量直接影响某些商品的销售。目前，世界上普遍呈现家庭规模缩小的趋势，越是经济发达地区，家庭规模就越小。企业在产品设计和包装制作时，必须考虑到如何使产品更适应小家庭的需要。

5. 民族结构

我国除了汉族以外，还有50多个少数民族。民族不同，其生活习性、消费文化传统也不相同。各民族的市场需求存在着很大的差异。因此，企业营销者要注意民族市场的营销，重视开发适合各民族特点的商品。

6. 受教育程度

受教育程度不同的人口对产品有不同的需求和消费偏好。社会人口受教育的程度一般分为五类：文盲、高中以下、高中、大学、大学以上。经济越发达的地方，人们受教育的机会越多，文化程度也越高。随着我国对教育的重视和投入的增加，受教育的人越来越多，受教育的程度也越来越高。这些变化反映在市场上，表现为人们对精神文化方面的需求将越来越多，也会越来越重视产品的质量。

（三）人口的地理分布及区间流动方面

地理分布指人口在不同地区的密集程度。由于自然地理条件以及经济发展程度等多方面因素的影响，人口的分布绝不会是均匀的。从我国来看，人口主要集中在东南沿海一带，而西北地区人口数占总人口数比例偏低。城市人口比较集中，尤其是大城市人口密度很大。在我国就有上海、北京等若干城市的人口数超过 2000 万，而农村人口则相对分散。

随着经济的活跃和发展，人口的区域流动性也越来越大。在发达国家，除了国家之间、地区之间、城市之间的人口流动外，还有一个突出的现象就是城市人口向农村流动。在我国，人口的流动主要表现在农村人口向城市地区流动，内地人口向沿海经济开放地区流动。

对于人口流入较多的地方而言，一方面由于劳动力增多，就业问题突出，从而加剧了行业竞争；另一方面，人口增多也使当地基本需求量增加，消费结构也发生了一定的变化，继而给当地企业带来较多的市场份额和营销机会。

二、经济环境

经济环境是指企业营销活动所面临的外部经济条件，其运行状况及发展趋势直接或间接地对企业营销活动产生影响。

（一）直接影响营销活动的经济环境因素

市场不仅是由人口构成的，这些人还必须具备一定的购买力。而一定的购买力水平则是市场形成并影响其规模大小的决定因素，它也影响企业营销活动的直接经济环境。主要包括以下 3 个方面。

1. 消费者收入水平的变化

（1）国内生产总值。国内生产总值是一个国家（或地区）所有常住单位在一定时期（通常为一年）内收入初次分配的最终结果，是一定时期内本国的生产要素所有者所占有的最终产品和服务的总价值。

（2）人均国民收入。人均国民收入是一个国家在一定时期（通常为 1 年）内按人口平均计算的国民收入占有量。人均国民收入与国民收入成正比，与人口增长成反比。它基本上可以反映一国生产力发展水平和国民的生活水平。

（3）消费者收入。消费者收入是指消费者个人从各种来源所得到的全部收入，包括消费者个人的工资、红利、租金、退休金、馈赠、补贴、利息等收入。消费者收入水平直接影响市场容量及消费者的支出模式，从而决定社会购买力水平。当然，消费者并不是把自己的全部收入都用于购买商品和劳务，消费者的购买力只是其收入的一部分。因此，要区分清消费者的"可支配的收入"和"可随意支配的收入"两个部分。

① 消费者个人可支配的收入。

消费者个人可支配的收入是指在个人收入中扣除税款（如个人所得税）和非税性负担后所剩下的余额，它是个人收入中可以用于消费支出或储蓄的部分，也是影响消费者购买力和消费者支出的决定因素。

② 消费者个人可随意支配的收入。

消费者个人可随意支配的收入则是指在可支配的收入中减去消费者用于购买生活必需品（如衣、食、住等费用）的支出和固定支出（如保险费、购买劳务的分期付款）后的余额部分。这部分收入是消费需求中最活跃的因素，也是企业开展营销活动时所要考虑的主要对象。因为从个人可支配的收入中开支的维持生存所必需的基本生活资料部分一般变动较小，相对稳定，即需求弹性小；满足人们基本生活需要之外的这部分收入所形成的需求弹性大。它一般用于购买高档物品、奢侈品、旅游等，是影响商品销售的主要因素。这部分收入越多，人们的消费水平就越高，企业营销的机会也就越多。

2. 消费者支出模式和消费结构的变化

（1）消费者支出模式的变化。随着消费者收入的变化，消费者支出模式会发生相应变化，继而使一个国家或地区的消费结构也发生变化。

这种消费支出模式不仅与消费者收入有关，而且受到下面两个因素的影响：

① 家庭的不同阶段。

据调查，没有孩子的年轻人组成的家庭，往往把更多的收入用于购买冰箱、电视机、家具、陈设品等耐用消费品上，而有孩子的家庭，则在孩子的娱乐、教育等方面支出较多，而用于购买家庭消费品的支出减少。当孩子长大独立生活后，家庭收支预算又会发生变化，用于保健、旅游、储蓄的部分就会增加。

② 家庭所在的地点。

农村与城市的消费者存在多方面差异，前者用于奢侈品的支出相对较少；而后者用于衣食、交通、娱乐方面的支出较多。

西方一些经济学家常用"恩格尔系数"来反映这种变化。"恩格尔系数"表明，在一定的条件下，当家庭个人收入增加时，收入中用于食物开支部分的增长速度要小于用于教育、医疗、享受等方面开支的增长速度。食物开支占总消费量的比重越大，"恩格尔系数"越高，生活水平越低；反之，食物开支所占比重越小，"恩格尔系数"越小，生活水平越高。

"恩格尔系数"是衡量一个国家、地区、城市、家庭生活水平高低的重要参数。

$$恩格尔系数=食物支出变化百分比/收入变动百分比$$

根据联合国划分富裕程度的标准，"恩格尔系数"在60%以上的国家为饥寒；在50%～60%的为温饱；在40%～50%的为小康；在40%以下的为富裕。按此标准，我国已进入中等收入国家行列。

（2）消费结构的变化。消费结构是指消费过程中人们所消耗的各种消费资料（包括劳务）的构成，即各种消费支出占总支出的比例关系。

西方发达国家的消费结构呈现如下变化和趋势："恩格尔系数"显著下降，目前大都下降到20%以下；衣着消费比重降低，幅度在20%～30%；住宅消费支出比重增大。

从我国的情况看，消费结构也还不尽合理，有待进一步优化。在南方，经济水平发展状况良好，但食物消费开支比例依然较高；大城市的住宅消费和医疗支出比例太高等情况比较普遍。随着我国社会主义市场经济的发展以及国家在住房、医疗等制度方面改革的深入，人们的消费结构会持续变化。企业要重视这些变化，尤其应掌握将进入的目标市场中消费结构的变化情况，提供适销对路的产品和服务。

3. 消费者储蓄和信贷情况的变化

消费者的购买力还会受储蓄和信贷的直接影响。我国居民有勤俭持家、爱储蓄的传统。据调查，居民储蓄的目的主要在于供养子女和婚丧嫁娶。但从发展趋势看，用于购买住房和大件用品的储蓄占整个储蓄额的比重将逐步增大。企业若能调动消费者的潜在需求，就可开发新的目标市场。

（1）消费者的储蓄。消费者储蓄一般有两种形式：一是银行存款，增加现有银行存款额；二是购买有价证券。当收入一定时，储蓄越多，现实消费量就越小，但潜在消费量越大；反之，储蓄越少，现实消费量就越大，但潜在消费量越小。企业营销人员应当全面了解消费者的储蓄情况，尤其是要了解消费者储蓄目的的差异。储蓄目的不同，往往会影响到潜在需求量、消费模式、消费内容和消费发展的方向。这就要求企业营销人员在调查、了解储蓄动机与目的的基础上，制定不同的营销策略，为消费者提供有效的产品和服务。

（2）消费者的信贷。西方国家的消费者的储蓄情况不容乐观，消费信贷对外国消费者购买力的影响很大。所谓消费者信贷，就是消费者凭信用先取得商品使用权，然后按期归还贷款，以购买商品。这实际上就是消费者提前支取未来的收入，提前消费。

西方国家盛行的消费者信贷主要有：

① 短期赊销。

② 购买住宅分期付款。

③ 购买昂贵的消费品分期付款。

④ 信用卡信贷等。

信贷消费允许人们购买超过自己现实购买力的商品，从而创造了更多的就业机会、更多的收入以及更多的需求；同时，消费者信贷还是一种经济杠杆，它可以调节积累与消费、供给与需求之间的矛盾。当市场供大于求时，可以发放消费信贷刺激需求；当市场供不应求时，必须收缩信贷，适当抑制、减少需求。消费信贷把资金投向需要发展的产业，刺激这些产业的生产，带动相关产业和产品的发展。

消费信贷在推动整个经济发展的过程中起到了积极的作用：一是刺激消费，扩大内需，拉动经济增长；二是有利于银行分散和降低风险；三是可以为一些消费者解燃眉之急，实现当前的消费。

（二）间接影响营销活动的经济环境因素

除了上述因素会直接影响企业的市场营销活动外，还有一些经济环境因素也对企业的营销活动产生或多或少的间接影响，主要包括经济发展水平、经济体制、地区与行业发展状况和城市化程度4个方面。

1. 经济发展水平

经济发展的阶段不同，居民的收入不同，顾客对产品的需求也不一样，从而会在一定程度上影响企业的营销。例如，以消费者市场来说，经济发展水平比较高的地区，在市场营销方面，强调产品款式、性能及特色，品质竞争多于价格竞争；而在经济发展水平低的地区，则较侧重于产品的功能及实用性，价格因素比产品品质更为重要。企业的市场营销活动会受到一个国家或地区的整个经济发展水平的制约。

在生产者市场方面，经济发展水平高的地区着重投资较大而能节省劳动力的先进、精密、自动化程度高、性能好的生产设备。在经济发展水平低的地区，其机器设备大多是一些投资少而耗劳动力多、简单易操作、较为落后的设备。

2. 经济体制

不同的经济体制对企业营销活动的制约和影响也不同。

世界上存在着多种经济体制，有计划经济体制，有市场经济体制，有计划–市场混合经济体制等。

在计划经济体制下，企业是行政机关的附属物，没有生产经营自主权，企业的产、供、销都由国家计划统一安排，企业生产什么、生产多少、如何销售，都不是企业自己的事情。在这种经济体制下，企业不能独立地开展生产经营活动，因而也就谈不上开展市场营销活动。

在市场经济体制下，企业的一切活动都以市场为中心，市场是其价值实现的场所，因而企业必须特别重视营销活动，通过营销，实现自己的利益目标。

3. 地区与行业发展状况

我国地区经济和行业发展很不平衡，逐步形成了东部、中部、西部三大地带和东高西低的发展格局。这种地区经济和行业发展的不平衡，对企业的投资方向、目标市场以及营销战略的制定等都会带来巨大影响。

4. 城市化程度

城市化是影响营销的环境因素之一。城市化程度是指城市人口占全国总人口的百分比，它是一个国家或地区经济活动的重要特征之一。城乡居民之间存在着某种程度的经济和文化上的差别，进而导致不同的消费行为。

目前我国大多数农村居民消费的自给自足程度仍然较高，而城市居民则主要通过货币交换来满足需求。此外，城市居民一般受教育较多，思想较开放，容易接受新生事物，而农村相对闭塞，农民的消费观念较为保守，一些新产品、新技术往往首先被城市所接受。企业在开展营销活动时，要充分注意这些消费行为方面的城乡差别，相应地调整营销策略。

三、政治和法律环境

政治与法律是影响企业营销活动的重要宏观环境因素。政治和法律环境是指一个国家从本国的社会制度出发，为发展本国经济而制定的一系列经济法律和政策，是企业从事营销活动的基本行为准则。政治和法律相互联系，在任何社会制度下，企业的营销活动都必定要受到政治和法律环境的规范和约束。

(一) 政治环境

政治环境是指企业市场营销活动的外部政治形势状况。政治环境包括国内与国际的政治环境。

1. 国内政治环境

国内政治环境是指党和国家的方针、政策及其调整变化对企业营销活动的影响。国家在不同的时期，根据不同的需要制定经济发展方针，颁布经济发展政策，这些方针政策的变化将会直接影响社会购买力及其投资方向。如能源政策、产业政策、物价政策、财政、金融与货币政策等。

2. 国际政治环境

国际政治环境主要对企业的国际贸易以及企业的国际市场营销活动产生深刻的影响。国际的经济合作关系主要有两个方面：一是企业所在国与营销对象国之间的关系；二是国际企业的营销对象国与其他国家之间的关系。目前，国际上各国政府采取的对企业营销活动有重要影响的政策和干预措施有进口限制、税收政策、价格管制和外汇管制等。

（二）法律环境

法律是体现统治阶级意志、由国家制定或认可，并以国家强制力保证实施的行为规范的总和。国家颁布的法律法规是政府管理经济和维持公平交易秩序的重要方法之一，对规范和约束企业营销行为具有权威性和强制性。同时，国家制定与企业活动相关的法律法规主要有3个目的：一是维护市场公平竞争；二是保护消费者利益和社会利益不受侵害；三是保护企业自身的正当权益。

四、自然地理环境

一个国家、一个地区的自然地理环境包括该地的自然资源、地形地貌和气候条件等，这些因素都会不同程度地影响企业的营销活动，有时这种影响对企业的生存和发展起决定性的作用。企业要避免由自然地理环境带来的威胁，最大限度地利用环境变化可能带来的市场营销机会，就应不断地分析和认识自然地理环境变化的趋势，根据不同的环境情况来设计、生产和销售产品。

（一）物质自然资源

物质自然资源是指自然界提供给人类各种形式的物质财富，如矿产资源、森林资源、土地资源、水力资源等。

这些资源分为以下3类：一是"无限"资源，如空气、水；二是有限但可以再生的资源，如森林、粮食；三是有限且不可再生资源，如石油、锡、煤、锌等矿物。自然资源是进行商品生产和实现经济繁荣的基础，和人类社会的经济活动息息相关。自然资源的分布具有地理的偶然性，分布很不均衡。因此，企业到某地投资或从事营销必须要了解该地的自然资源情况。一个地区的自然资源状况往往是吸引外地企业前来投资建厂的重要因素。

此外，自然环境对企业营销的影响还表现在以下两个方面：

1. 自然资源短缺对企业的影响

随着工业的发展，自然资源逐渐短缺。例如，我国自然资源从总体上看是丰富的，但从人均占有量看又是短缺的。近几年，资源紧张使一些企业陷入困境，但又促使企业寻找替代品，降低原材料消耗。资源短缺将使企业生产成本大幅度上升，企业必须积极从事研究开发，尽力寻求新的资源替代品。

2. 环境的污染与保护对企业的影响

环境污染已成为举世瞩目的问题。占世界人口总数15%的工业发达国家，其工业废物的排放量超过了世界废物排放总量的60%。我国虽属发展中国家，但工业"三废"（废渣、废水、废气）对环境也造成了严重污染。对此，各个国家（包括我国）政府都采取了一系列措施，对环境污染问题进行控制。这样，一方面限制了某些行业的发展，另一方面也为企业创造了两种营销机会：一是为治理污染的技术和设备提供了一个大市场；二是为不破坏生态环境的新生产技术和包装方法创造了营销机会。因此，企业经营者要了解政府对资源使用的限制和对污染治理的措施，力争做到既能减少环境污染，又能保证企业发展，提高经济效益。

（二）地理环境

一个国家或地区的地形地貌和气候，是企业开展市场营销所必须考虑的地理环境因素，这些地理特征对市场营销有一系列影响。例如，气候（温度、湿度等）与地形地貌（山地、丘陵等）特点，都会影响产品和设备的性能和使用。在沿海地区运转良好的设备到了内陆沙漠地区就有可能发生性能的急剧变化。有些国家地域辽阔、南北跨度大，地形地貌复杂，气候多变，企业必须根据各地的自然地理条件生产与之相适应的产品，才能适应市场的需要。气候、地形地貌不仅直接影响企业的经营、运输、通信、分销等活动，还会影响到一些地区的经济、文化和人口分布状况。因此，企业开展营销活动，必须考虑当地的气候与地形地貌，使其营销策略能适应当地的地理环境。

五、科学技术环境

科学技术的发展对于社会的进步、经济的增长和人类社会生活方式的变革都起着巨大的推动作用。现代科学技术是社会生产力中最活跃和最具决定性的因素之一，它作为重要的营销环境因素，不仅直接影响企业内部的生产和经营，还同时与其他环境因素相互依赖、相互作用，影响企业的营销活动。

科学是人类认识自然的知识体系，是潜在生产力；技术是生产过程中的劳动手段、操作方法、工艺方法，是现实生产力。科学技术是第一生产力，是社会生产力最活跃的因素。进入 20 世纪以来，科学技术的发展日新月异，第二次世界大战以后，新科技革命蓬勃兴起，科学技术在现代生产中起着主导作用。

六、社会文化环境

企业在从事市场营销活动时，要重视对社会文化的调查研究，并做出适宜的营销决策。

社会文化是指一个国家、地区或民族的传统文化，以及价值观念、生活方式、风俗习惯、伦理道德、教育水平、语言文字和社会结构等元素的总和。它主要由两部分组成：一是全体社会成员所共有的基本核心文化；二是随时间变化和外界因素影响而容易改变的社会次文化或亚文化。

人类在某种社会中生活，必然会形成某种特定的文化。不同国家、地区的人民，不同的社会与文化对同一产品可能持有不同的态度，直接或间接地影响产品的设计、包装、信息的传递方法、产品被接受的程度、分销和推广措施等。社会文化因素通过影响消费者的思想和行为来影响企业的市场营销活动。

一个国家或地区受教育程度的不同，他们的文化素质、消费结构、消费偏好和审美观存在很大差异，对商品的需求也不同；宗教作为历史的产物，直接影响和支配着人们的生活态度、价值观念、风俗习惯和消费行为。不同的宗教信仰有不同的文化倾向和戒律，企业必须充分了解不同地区、不同民族、不同消费者的宗教信仰和禁忌；风俗习惯是人们在长期的生活中形成的习惯性的行为模式和行为规范，是人们世代沿袭下来的社会文化的一部分。风俗习惯涉及社会生活的多个方面，如饮食、服饰、居住、婚丧、节庆、信仰、道德伦理、心理、行为、人际关系等。不同的国家、不同的民族风俗习惯各不相同，这些风俗习惯决定和影响着消费者对产品的种类、样式、色彩、图案的需求和交易方式。企业在营销过程中必须尊重各国的风俗习惯，以便更好地适应千变万化的市场；价值观念是人们对社会中各种事物的评判标准。消费者所处的社会地位及心理状态、时间观念、价值观念的差异很大，消费者对商品的需求和购买行为深受其价值观念的影响。因此，营销管理者应该研究并采取不同的营销策略。

任务三　微观市场营销环境分析

微观营销环境是指与企业紧密相连，直接影响和制约企业营销活动的环境因素，这些因素主要包括顾客、企业内部、供应商、营销中介、竞争者以及社会公众6个方面。

一、顾客

顾客和顾客的需求是企业进行营销活动的出发点和归宿。顾客是企业产品的购买者，也是企业服务的对象。

（一）顾客市场划分

营销学通常按购买者（顾客）及其购买动机和类别的不同，将顾客市场划分为生产者市场、消费者市场、中间商市场、政府市场、国际市场5类：

1. 生产者市场

生产者市场指为了赚取利润或达到其他目的，购买商品和服务来生产其他产品和服务的市场。

2. 消费者市场

消费者市场是指为了满足个人或家庭消费需求而购买商品或服务的市场。

3. 中间商市场

中间商市场是指为利润而购买商品或服务用于转售的市场。

4. 政府市场

政府市场是指为提供公共服务或将商品和服务转给需要的人而购买商品和服务的政府和非营利机构。

5. 国际市场

国际市场是指国外买主，包括国外的消费者、生产者、中间商和政府等。

以上每种顾客市场都有其独特的顾客，不同的顾客其需求特点、购买动机也不同，造成了具体的市场需求规模、市场占有率、发展速度也有所不同。因此，关于不同顾客的营销策略要有其差异性和针对性，才能符合顾客的愿望。

（二）企业和顾客关系的处理

对于一个企业而言，顾客是企业的目标市场，更是企业的衣食父母。企业拥有了顾客，就赢得了市场；反之，则会失去市场。所以，企业要处理好与顾客的关系，同时要做好以下4点。

1. 提供优质的产品和服务

只有保证产品和服务的质量，满足顾客的某种需要，顾客才会愿意花钱来购买。

2. 主动听取和收集顾客意见

"顾客是上帝"，这句话典型地概括了企业和顾客的关系。所有企业都应该主动听取和收集顾客意见为进一步改进工作打下基础。

3. 维护顾客的自身权益

对于顾客来说，希望企业能尊重和维护自身的权益。美国总统肯尼迪曾经提出了四项消费者权利，即索赔权、知晓权、陈述权和选择权。若公司能站在顾客的立场上，想顾客之想，急顾客之急，尊重顾客的权益，一定会受到顾客的信任与青睐。

4. 培养消费者的消费意识

企业可以通过印发指导性手册、举办实物展览会和培训班、开设陈列室、成立企业消费者俱乐部等方式，培养消费者现代消费意识，为现代企业营造一个健康、良好、稳定的消费者环境。

二、企业内部

面临相同的外部环境，不同企业的营销活动所取得的效果往往并不一样，这是因为它们有着不同的内部环境要素。

企业是组织生产和经营的经济单位，是一个复杂的整体，内部由各职能机构组成，包括企业高层管理者、财务部门、研究与开发部门、人力资源部门、原材料供应部门、生产部门、销售部门、质检部门、后勤部门等。

首先，企业高层管理者作为企业的领导核心，负责企业的任务、目标、发展战略及其重大决策的制定，而这些都直接影响企业的市场营销活动。市场营销部门必须在企业发展战略的指导下制订、实施市场营销策略和营销计划。

其次，各部门必须在分工合理的基础上，密切配合、共同承担，才能实现营销战略的构想和营销计划的实施。

企业各部门都必须通过自己的努力来满足消费者的需求。市场营销部门作为一个重要的职能部门起到提供信息、营销策划、咨询服务、综合协调的作用。市场营销部门在制定营销决策时，不仅要考虑到企业外部的宏观环境因素，还要考虑到其他各部门的具体情况，要与各部门密切合作，共同研究制订长期和短期计划。以新产品开发为例，市场营销部门提出开发新产品的计划后，需要得到各部门的支持和配合。研究开发部门负责新产品的设计和工艺，采购部门负责原材料供应，生产部门负责试制，财务部门负责核算成本等。所以开发计划能否实现，不仅取决于新产品的本身是否有市场，而且取决于各部门之间是否进行了良好的有效合作。

根据国内外经验，处理好企业内部的各种关系和矛盾可通过两条途径实现：

一是企业委派具有强烈市场信息观念和竞争意识的高级管理人员，全权负责处理和协调企业内部销售与其他部门之间的关系。

二是通过建立独立的现代销售公司，全面负责协调企业营销中出现的一切矛盾。

另外，良好的企业文化环境和工作氛围对于企业内部的合作起着重要的作用。创造良好的企业文化环境，需要企业建立并实施相应的人事、激励、组织等多方面的规章制度，并积极组织开展各种活动，吸引全体员工参加，增进员工对企业宗旨的了解，增强企业员工的责任感。

三、供应商

供应商是指向企业提供生产所需的产品和劳务所需的各种资源的企业和个人，包括提供原材料、零配件、设备、能源、劳务和资金等。

（一）供应商对企业营销活动的影响

在现代市场经济条件下，任何企业的生产经营活动都离不开一定的生产资料的供应作保障，这就形成了社会生产活动中企业与供应商之间的密切联系，这种联系使企业的所有供货单位直接影响和制约了企业的营销活动，这种影响主要体现在以下 3 个方面。

1. 供货的质量水平

任何企业生产的产品质量，除了严格的管理以外，与供应商供应的生产资料本身的质量好坏有密切的联系。供货的质量除了产品本身的内在质量外，还包括各种售前、售中和售后的服务水平。食品企业的原材料主要为农产品，保证农产品的质量稳定对维持企业的生产和销售十分重要。

2. 供货的稳定性与及时性

原材料、零部件、能源及机器设备等的货源保证是企业营销活动顺利进行的前提。现代市场经济中，市场需求千变万化，企业必须针对瞬息万变的市场及时调整计划，而这一调整又需要及时地提供相应的生产资料。因此，企业必须和供应商保持密切联系，及时了解掌握供货人的变化与动态，使货源的供应在时间上和连续性上能得到确切的保证。

3. 供货的价格变动

供货的价格直接影响产品的成本，最终会影响产品在市场的竞争能力。食品企业在营销中应注意农产品价格变动的周期性，特别要对构成产品重要组成部分的农产品的价格现状和走势做到心中有数，这样才能使企业应变自如。

（二）企业选择供应商的原则

企业在选择供应商时应遵循以下 4 个原则。

1. 对供应商进行等级分类

企业对供应商要加强调查研究，充分考虑供应商的资信状况等因素，按重要程度进行等级划分，选择那些能够提供品质优良的原料、价格合理、交货及时、有良好信用的供应商，并且主要与这些供应商建立长期稳定的合作关系，以保证企业生产资源供应的稳定性。

2. 树立"双赢"观念

在选择优秀的供应商建立长期的、稳定的伙伴关系的同时，要说服供应商积极接近顾客，使其更有效地为企业服务，在必要时主动分担供应商在诸如改进生产方法和质量方面的风险。

3. 使供应商多样化

在现代市场经济条件下，企业必须注意市场风险。企业越依赖于一家或少数几家供应商，受到供应变化的影响与打击就越大。为了减少对企业的影响与制约，企业就要尽可能多地联系供应商，使供货来源多样化，还能促使供应商进行竞争，使企业处于有利位置，从而使供货物品的质量得到提高。

4. 加强双向信息沟通

要及时掌握供应变化趋势，将企业自身的经营状况、产品调整情况、企业对供应货物的要求告诉供应商，以便协调双方立场。

（三）生产原料的供应途径

生产原料的供应主要有3个途径：

（1）企业建立自己的原料生产基地，自己生产，自己加工。

（2）通过与生产者签订契约合同的形式，使生产者成为企业的专属供应商，这种形式在农村被称为"农业产业化经营"。

（3）企业直接从市场上购买原材料，通过什么方式，主要取决于哪种方式交易成本最低、企业获利最大。

四、营销中介

营销中介是指协助企业促销、销售和配销其产品给最终消费者的企业或个人，这些都是市场营销不可缺少的环节。大多数企业的营销活动，都必须通过它们的协助才能顺利进行。按承担的工作划分，营销中介包括中间商（代理商和经销商）、实体分配公司（仓库公司、运输公司）、营销服务机构（广告公司、财务公司、营销咨询公司、市场调研公司等）、金融中介机构（银行、信贷机构、保险公司、证券公司等）。

（一）中间商

中间商是协助企业寻找顾客或直接与顾客磋商交易合同的商业企业。中间商可分为代理中间商和经销中间商两大类。

代理中间商不拥有商品所有权，而是向委托方收取佣金，协助买卖成交，主要有代理商、经纪人和生产商代表。

经销中间商拥有商品所有权，购买商品并再次出售，以赚取利润为目的，主要有批发商和零售商。

中间商的主要任务是帮助企业寻找顾客，为企业的产品打开销路。由于中间商是直接与顾客进行交易，解决了生产集中和消费分散的矛盾，把产品从生产者转移到消费者手中，因而它的销售效率、服务质量都直接影响企业的产品销售。但事实上中间商的情况不同，能力各异，在选择中间商伙伴时一般应考虑顾客特性、产品特性、竞争特性、环境特性等因素，综合比较后选出最理想的中间商，并尽量同影响力大、实力强的中间商建立良好战略合作伙伴关系，对市场开拓、扩大销售、提升市场占有率、增强竞争力都有十分重要的意义。同时，还要加强与中间商的协调，包括对中间商的激励、监督、调整和评价等。

（二）实体分配公司

实体分配公司是协助生产企业储存产品并将产品从原产地运往销售目的地的专门性企业，主要包括仓储公司和物流公司。

仓储公司是指在货物运往下一个目的地前专门储存和保管产品的机构；物流公司是指从事铁路、公路、航空、轮船等各种运输的公司。

企业是否选择这些公司，主要应综合考虑储存成本、运送速度、运输费用、安全性和交货方便性等因素，并力求成本低而效益高。

（三）营销服务机构

营销服务机构主要有营销调研公司、广告公司、传播媒介公司和营销咨询公司等，范围比较广泛。他们帮助生产企业推出和促销其产品到恰当的市场。大多数企业都要借助这些服务机构来开展营销活动。企业选择这些服务机构时，须对他们所提供的服务、质量、创造力等方面进行评估，并定期考核其业绩，及时替换那些不具有预期服务水平和效果的机构，营销商与营销服务机构之间，通过委托的方式建立业务关系。

（四）金融中介机构

在现代经济生活中，企业与金融机构有着不可分割的联系。金融中介机构是指对货物购销提供融资或保险的各种金融机构，包括银行、信贷机构、保险公司、证券公司和其他协助融资或保障货物的购买与销售风险的公司等。

金融中介机构的主要功能是为企业营销活动提供融资及风险保障服务。在现代经济社会中，任何企业与金融中介机构都会发生联系，开展一定的业务往来。同时，金融中介机构业务活动的变化也会影响企业营销活动。例如，银行贷款利率上调会使企业成本提高，保险公司的保险额上升会使企业效益降低等。因此，企业必须与金融中介机构建立密切的联系，及时观察和研究金融中介机构及其业务动态，以保证企业资金渠道畅通。

五、竞争者

竞争是市场经济的必然现象。竞争者是指与企业存在利益争夺关系的其他经济主体。一个企业一旦选择和确定了目标市场，就会处于某种竞争环境之中，企业的营销活动就会受到竞争者的影响。企业面对不同的竞争环境、不同的竞争力、不同的竞争类型，必须采取不同的竞争策略。

企业面临的竞争主要来自5个方面，即现有的竞争对手、新竞争者的威胁、替代产品的威胁、供应商的议价力和购买者的议价力。从消费需求的角度来划分，企业竞争者的类型有5种，即产品形式竞争者、愿望竞争者、属类竞争者、本质竞争者和品牌竞争者。

（一）产品形式竞争者

产品形式竞争者是指生产同种产品但提供不同规格、型号和款式等满足相同需求的竞争者。例如，饮料有碳酸饮料、果蔬汁、乳饮料、茶饮料等，茶饮料又有红茶、绿茶、普洱茶等。

（二）愿望竞争者

愿望竞争者是指提供不同产品以满足不同需求的竞争者。例如，消费者同时对面包机和果汁机产生购买欲望，但购买力有限，只能选择其一。这时面包机厂家和果汁机厂家就如何促使消费者首选本企业产品，而形成了愿望竞争关系。

（三）属类竞争者

属类竞争者是指在决定需要的类型之后出现的次一级竞争。例如，"需要"是网上购物，但在网上到底购买何种物品，是食品、化妆品、衣物、玩具，还是其他，这些便形成了属类竞争的关系。

（四）本质竞争者

本质竞争者也叫平行竞争者，是指提供能够满足同一种需求的各种产品的竞争者。例如，奶粉、鲜奶、酸奶都能满足消费者对奶制品的需求，这三种产品的生产者之间就形成了本质竞争关系。

（五）品牌竞争者

品牌竞争者是指满足消费者某种愿望的同类商品、同种规格、型号相同，但品牌不同的竞争者。例如，奶粉有惠氏奶粉、多美滋奶粉、雀巢奶粉等品牌。

在上述的 5 种类型中，后两种属于同行业的竞争者，也是最主要的竞争对手。

六、社会公众

所谓公众，是指对企业实现其市场营销目标构成实际或潜在利害关系和影响的任何团体和个人。公众可能有助于增强一个企业实现自己目标的能力，也可能妨碍这种能力。如何处理与公众的关系，已成为一门科学和艺术。企业必须采取主动积极的态度与公众沟通，了解公众，理解公众，为企业在公众中树立良好的形象，为促进企业又好又快的发展奠定良好的基础。企业所面临的公众主要包括内部公众、政府公众、金融公众、媒介公众、社区公众、社团公众和一般公众 7 类。

（一）内部公众

内部公众是指企业内部全体员工，包括领导（董事长）、经理、管理人员、职工。处理好内部公众关系是搞好外部公众关系的前提。在当今社会，企业越来越意识到"一切竞争归根到底就是人的竞争"，内部公众对企业的态度会影响企业之外的公众对企业的看法。因此，如何调动职工的积极性、创新性，为职工创造良好的生产、生活环境，为职工营造安全感和归属感等，都是企业领导应该重视的一大问题。

（二）政府公众

政府公众是指与企业在营销活动中相关的不同地域和不同层次的政府机构或部门，如市场监督管理部门、税务局、物价局等。企业在开展营销活动时要特别重视有关政府部门的政策和要求。

（三）金融公众

金融公众是指关心并影响企业融资能力的金融机构，如银行、投资公司、证券公司、证券交易所、保险公司等。"资金是企业的血液"，金融对企业的作用尤为重要。

（四）媒介公众

媒介公众是指传统大众媒体及新兴媒介组织，如报社、杂志社、广播电台、电视台、互联网和各种新兴媒体等。在某些情况下，媒介公众的舆论宣传效果比企业自己做广告的效果更为明显，对企业的形象及声誉的建立能起到极其重要的作用。

（五）社区公众

社区公众是指企业所在地附近的社区居民和社区组织。任何一个企业都要在一定范围内的地区开展生产和营销活动，企业在营销活动中要避免与周围公众利益发生冲突，同时还应对公益事业做出适当的贡献。

（六）社团公众

社团公众是指社会中的各种非营利组织，如消费者协会、环境保护组织、行业协会等。目前，社会组织的数量在不断增加，社团成员数目也不断递增，在社会上发挥着越来越重要的作用，他们都在直接或间接地影响着企业营销活动的开展。

（七）一般公众

一般公众是指上述各类公众以外的普通消费者。这类消费者不一定选择自己企业的产品，但企业如果能在他们心中树立良好的形象，有利于将一般公众转化为潜在的消费者。

复习思考题

1. 营销环境的含义是什么？
2. 营销环境的特点有哪些？
3. 宏观市场营销环境包括哪几个方面？
4. 微观市场营销环境包括哪几个方面？

思政小课堂

项目三 食品市场营销调查与市场预测

学习目标：
1. 掌握：市场调查方法；调查问卷设计；市场预测方法。
2. 熟悉：市场调查的内容和类型。
3. 了解：食品市场预测的步骤。

企业的生存与发展离不开市场。企业营销成功的关键是对市场进行科学有效的调查与预测。

市场营销调查有时称为市场营销调研。由于对市场理解的不同，市场调查有广义和狭义之分。狭义的市场调查是把市场理解为顾客的集合，认为市场调查就是研究顾客的各种需求，是以科学的方法和手段收集消费者对产品购买及其使用的有关数据、意见、要求、购买的行为和动机等，这相当于对消费者及其行为进行研究；广义的市场调查是从整个市场的角度出发，运用科学的方法和手段收集产品从生产者转移到消费者的一切与市场活动有关的数据和信息并进行研究的过程，包含了从认识市场到制定营销决策的一切有关市场营销活动的分析和研究。广义的市场调查不仅包括消费者调查，还包括市场分析、销售分析、广告研究、营销环境研究等。市场调查的目的在于认识和把握市场发展变化的规律，研究和预测人类的行为，准确、及时、全面、系统地收集各种市场信息，充实和完善企业营销信息系统，为企业经营管理提供决策依据。

市场预测是在市场调查的基础上，运用科学的方法对市场需求和企业需求以及影响市场需求变化的诸因素进行分析研究，对未来的发展趋势做出判断和推测。

市场营销调查是预测的基础和前提，而预测和决策是检验市场调查是否有效的重要标准。市场调查与预测是以市场信息为研究对象，是以市场学、经济学、管理学为理论基础，以统计学为方法论基础，是一门实践性、综合性很强的学科。

任务一 食品市场营销调查

一、食品市场营销调查的步骤

食品市场营销调查是一项十分复杂的工作，要顺利地完成调研任务，必须有计划、有组织、有步骤地进行。但是，因时间、地点、费用、设备等条件的差异，市场调查并没有一个固定的程序或标准。一般而言，根据调研活动中各项工作的自然顺序和逻辑关系，市场调查包括以下 5 个步骤。

（一）确定市场营销调查的问题

市场调查的主要目的是收集信息，并进行分析研究，以帮助企业减少决策的失误，因此调查的第一步就要求决策人员和调查人员认真地界定所要调研的问题，选择调研工作所要达到的目标，也就是确定市场调查的目的、范围和要求。

选题是否恰当和正确直接影响一项调查研究的价值和成效。选题决定调查的方向，体现调查的水平，影响调查的质量。必须把握住问题的范围，如果没有限定范围，可能会得到许多没有价值的信息；如果问题范围太小，又会丧失调查的意义，并且会造成资源的浪费。确定选题时，可以从现实生活、个人经历和现有文献中寻找思路。为获得正确而恰当的选题，可先征询有关专家学者和领导干部的意见，或到调查地点进行初步考察，或与基层有关人员座谈以明确调研课题，然后对调查对象的特征以及有关现象之间的相互关系做出推测性判断或设想，从而为制订调查计划奠定基础。

（二）制订调查计划

在明确了调研课题和研究设想后，市场调查前必须由专业人员设计和制订一个具体的、明确的、有效的调查计划。市场调查计划的内容应包括组织本次市场调查的目的和意义，说明调查范围和方法、时间和地点、调查对象，确定调查人员组成，明确调查步骤与工作内容，拟定调查提纲，审核本次调查的必要性，提出市场调查过程中可能遇到的问题及解决办法，调查资料的处理及分析方法，调查经费预算等。调查计划是调查目的和任务的具体化。进行研究设计时，研究者首先应当明确调查对象和调查内容。调查对象既包括个人、群体、组织、社区，也包括各种类型的社会活动、社会关系、社会制度和社会产品。一项研究课题可以采用多种调查对象。调查内容是调查研究所要了解的调查项目和调查指标，涉及各种调查对象的属性和特征。

（三）收集信息

根据企业需要调查的问题和需求，必须寻找到科学准确的调研资料。这是一个花费最高也最容易出错的阶段。调查过程中既要通过企业内部相关部门、政府机构、出版物、行业团体、专业调查机构、电子网络等途径收集第二手资料，也要通过企业内部、消费者、各类中间商及市场经营组织、各类企业以及其他途径收集第一手资料。

数据收集必须通过调查员来完成，调查员的素质会影响到调查结果的准确性。选择市场调查人员时，应要求其具有较高的职业道德修养，掌握多学科的知识，具有调查资料收集的能力，具有敏锐的观察、分析和解决问题的能力，具有良好的身体素质和心理素质。调查员以大学的市场学、心理学或社会学专业的学生最为理想，因为他们已受过调查理论与技术的专业训练，可降低调查误差。目前我国的食品企业大都没有专门的市场调查机构，为了提高市场调查的准确性和可信性，一般都需要委托专业的市场调查公司进行调研。

（四）信息的整理和分析

对所收集的各种信息进行分析之前，应对实地调查获得的资料进行检查，发现记录不完整和数据前后矛盾的地方，应审核情报资料的根据是否充分、推理是否严谨、阐述是否全面、结论是否正确。为便于资料的统计、分析、查找和归档，必须将已经编辑整理过的资料进行分类编号。在统计分析过程中，研究人员可以把相关数据信息列成各种计算表、统计表、统计图以便利用和分析；同时制定一维和二维的频率分布，对主要变量计算其平均数并衡量其趋势；结合调查资料采用先进的统计技术和决策模型，以便得出更多的调查结果，为营销决策提供更有效的依据。

（五）提出调查结论

将经过处理和分析后的市场信息资料做出准确的解释和结论，是市场调查的最后一个步骤。市场调查的结果和结论直接关系到营销决策，所以在将其提交给营销管理部门之前，市场调查人员应按照格式要求编写成简洁易懂的调查研究报告，突出调查的问题，客观、简明、扼要、重点突出地说明与论证。市场调查报告中一般包括调查的目的和范围、调查所采用的方法、调查的结果、提出的建议及必要的附件。

二、食品市场营销调查的方法

资料收集是市场调查与预测过程中的基本步骤之一，其直接影响着市场调查活动的优劣或成败。资料收集的方法，也就是市场调查方法，通常在设计市场调查计划时根据调查的目的和内容来进行确定。市场调查按信息数据的来源可以分为文案调查和实地市场调查两大类。

（一）文案调查

文案调查法又称案头调查或二手资料分析，是市场研究人员对现成的资料、报告、文章等信息数据进行收集、分析、研究和利用的一种市场调查方法。

文案调查法包括文献资料筛选法、报刊剪辑分析法、计算机网络检索法等方法。文案调查的资料，既包括企业内部的业务资料、统计资料、财务资料和其他资料，也包括来自政府部门、统计部门、行业协会、研究机构、信息中心或咨询公司、出版物、电视或广播、博览会或展销会、国际市场、电子网络、在线数据库等渠道的外部资料。

文案调查法通常用于探索性的研究阶段，文案调查过程中收集的资料要广泛、全面，要有价值、针对性、时间性、系统性和准确性。如果案头调查所收集的二手数据不能为决策提供足够的信息，那就需要进行实地市场调查以收集原始资料。

（二）实地市场调查

实地市场调查也叫一手资料调查，是指为了特定的目的，在周详严密的架构之下，由调查人员直接向被访问者搜集第一手资料的过程。第一手资料又称为初级资料，即首次搜集到的资料。实地市场调查的常用方法有访问调查法、观察调查法和实验调查法 3 种。

1. 访问调查法

访问调查法，也称访谈法，是调查人员通过口头交谈、书面或电话等方式向被调查者了解市场情况、收集资料的一种调查方法。采用访问法进行调查，一般需要事先把要了解的问题制定成调查表，所以又称为调查表法。在一般进行的实地市场调查中，以访问调查法应用最广。

（1）按访问调查方式可划分为：

① 直接访问：这是最古老也是最常用的方法之一，是指访问者与被访问者进行面对面的访谈，向被调查者提出问题，然后根据回答当场记录以获取资料的方法，又称为面谈调查法。

② 间接访问：这是访问者通过电话、书面问卷、电子网络等中介工具对被访问者进行访问。

（2）按访问调查内容可划分为：

① 标准化访问（也称结构性访问），是将"选择访问对象的标准和方法、访谈中提出的问题、提问的方式和顺序以及对被访问者回答的记录方式等"进行统一的问卷设计，按照报刊问卷、邮寄问卷、留置问卷、网络问卷等方式进行访问的调查方法。

② 非标准化访问，是按照一定调查目的和一个粗线条调查提纲进行的访问，该方法对访问对象的选择和访谈中所要询问的问题有一个基本要求，但可根据访谈时的实际情况做必要调整。

访问调查法具有许多的优点：能广泛了解各种社会现象；能深入探讨各类社会问题；能灵活处理访谈过程中的问题；能提高访谈的成功率和可靠性；适用于各种调查对象。该方法也存在一些缺点：具有一定的主观性；不能匿名，有些问题不能或不宜当面询问；访问调查获得的材料有许多需要进一步查证、核实；访问调查费人力、费财力、费时间。

访问调查法是通过直接或间接的回答方式来了解被调查者的看法和意见，为提高访谈的成功率和可靠性，应注意掌握访谈过程中的技巧，有时还需要引导和追询，同时访谈应适可而止和善始善终。

2. 观察调查法

观察调查法，简称观察法，是指调查人员有计划、有目的地运用自己的感官（如视觉、听觉、嗅觉、味觉、触觉）或一定的科学观察工具，直接认知并记录与研究目标相关的市场信息的一种方法。与人们日常生活中所说的观察相比，观察调查法是一种有明确目的、事前计划、在观察中有意识地控制误差并对观察结果进行详细记录的科学观察法。

（1）按调查对象是否参与调查活动划分为参与性观察和非参与性观察。观察是指调查者参与到被观察对象中并成为其中的一员，直接与被观察者接触以收集资料的一种调查方法。在市场调查中，参与性观察往往通过"伪装购物法"来实施，调查人员隐瞒自己的真实身份，这样调查人员能够更快、更直接地取得信息，节省时间和费用，观察结果也更有价值。

非参与性观察是指观察者以局外人的身份，置身于被调查群体之外进行观察、记录所发生的市场行为，以获取所需的信息。非参与性观察往往要配备一定的观察工具，如望远镜、摄像机、照相机等，以尽量保障观察的隐蔽性，降低调查人员的记录负担。

（2）按观察的形式不同分为直接观察法和间接观察法。直接观察法是调查人员直接深入调查现场，对正在发生的市场行为和状况进行观察和记录。

间接观察法是指调查者通过对自然物品、社会环境、行为轨迹等事物进行观察，间接地反映调查对象的状况和特征，以获取有关的信息。

（3）按照观察的手段可以划分为人员观察和仪器观察。人员观察是指通过自己的感官或借助简易设备（如望远镜）进行的观察。

仪器观察是指通过仪器设备或主要借助仪器如摄像机、录音机、交通流量计数器、扫描仪等实现的观察。在特定的环境中，仪器观察比人员观察能更精确、更容易、更便利地完成工作。

（4）从观察调查内容的范围、数量和界定上划分为结构性观察和非结构性观察。结构性观察是指事先制订好观察计划并严格按照规定的内容和程序实施的观察。结构性观察是一种计划严密、操作标准化、可控制的观察，调查人员事先清楚地知道应该观察和记录什么。

非结构性观察是指对观察的内容、程序事先不做严格的规定，观察的内容也没有严格的规范要求，视现场的实际情况随机决定的观察，调查人员需要把他们看到的调查对象的各种行为尽量全面地进行记录。在市场调查中，大多是结构性观察。

观察法简便易行，适应性强，灵活性大，可随时随地进行，观察人员可多可少，观察时间可长可短，只要到达现场就能获得一定的感性知识，而且调查结果直观、可靠，所以它是应用最为广泛的调查方法之一。但是，观察法的调查结果带有表面性和偶然性，也会受时间、空间等客观条件的限制，观察的对象和范围有很大的局限性，观察不可避免地会产生一定的观察误差，而且观察结果往往取决于观察者的主观状况。此外，实地观察需要花费较多的人力和时间，获得的资料往往不利于进行定量研究。

3. 实验调查法

实验调查法，即实验法，是指调查人员从营销调查对象的若干因素中，选出一个或几个因素作为实验因素，在其余因素不变的条件下，了解实验因素对调查对象的影响程度的方法。在访问调查法和观察调查法中的调查人员是一个被动的信息收集者，而在实验调查法中的调查人员则是一个主动、积极的参与者。一种产品在进入市场，或改变包装、设计、价格、广告、陈列方法、推销方法等因素时，均可先做一个小规模的试验，然后决定是否需要大规模的推广。如包装对产销量的影响，广告对品牌态度、品牌偏好的影响等。实验调查法根据实验环境的不同可以分为实验室实验和现场实验。

实验室实验，就是在人工的环境中进行的实验，实验者对实验环境实行完全有效的控制。实验室实验在新产品、包装和广告设计，以及其他调查的初始测试中有着广泛的应用。实验室实验可以通过实验环境，有意识地控制、操纵实验条件，最大限度地减少外生变量的影响，具有既省钱又省时的优点，这是现场实验所不及的。但是由于实验环境与真实环境相差较大，其预测效力往往较差。

现场实验则是在自然的环境中进行的实验，实验者只能部分地控制实验环境的变化。现场实验的实验环境非常接近于实际中的真实环境，但是现场实验缺乏控制，既缺乏对自变量的控制，也缺乏对外部变量的控制。由于现场实验的结果具有较高的预测效力，所以在市场研究中经常被用于新产品大范围推广前的最后验证。

实验调查法通过实验者亲身实践、改变实验环境促使实验对象发生变化，使实验者能直接掌握实验对象和实验环境的静态资料及其在运动、变化、发展过程中的动态资料。

实验调查法也有一些缺点：

（1）实验对象和实验环境的选择难以有充分的代表性，特别是实验组和对照组中实验对象和实验环境的选择难以做到相同或相似。

（2）实验过程不能充分有效地控制，特别是在现场实验中往往无法完全排除非实验因素对实验过程的干扰，要准确鉴别实验效应和非实验效应，正确区分实验结果中哪些是共性的部分，哪些是个性的部分，是一件十分困难的事情。

（3）实验调查方法对实验者的要求较高，花费的时间较长，实验的对象不能过多等。

（三）问卷的设计

问卷又称为调查表，是调查人员根据调查目的和要求所设计的由一系列问题、备选答案、说明及代码组成的书面文件，是用来收集所需资料和信息的一种调查工具。

在市场调查特别是在收集第一手资料的调查过程中，大多数情况下都要依据研究的目的设计某种形式的问卷。问卷作为一种标准化和统一化的数据收集程序，有助于保证访谈调查的有效性和可信性。问卷作为实地市场调查的主要载体，其作用贯穿于整个调查过程中，体现了调查设计、调查实施、数据处理、报告编写等环节之间的相互联系。有关调查研究表明，市场调查中数据收集的质量直接受到问卷设计的影响。因此，问卷设计是市场调查中的一个重要环节。

问卷设计没有统一的、固定的格式和程序，不同类型的调查项目对问卷的要求差别很大，在具体结构、题型、措辞、版式等设计上会有所不同。

（四）市场调查的抽样技术

由于市场是一个庞大、复杂的整体，进行全面调查不仅成本高、耗时长，而且调查的有效性往往跟不上市场形势的变化。所以大多数的市场调查是抽样调查，即从调查对象整体中选取部分个体或样本进行调查，并根据样本的调查结果去判断整体。

1. 抽样调查方法的分类

抽样调查方法按照是否遵循随机原则分为随机抽样和非随机抽样两大类。

随机抽样，又称为概率抽样，是指按随机原则从总体中进行抽取样本的方法。调查总体中每一个个体被抽到的可能性都是一样的，所以说随机抽样是一种客观的抽样方法。根据调查对象的性质和研究目的的不同，随机抽样可分为简单随机抽样、等距抽样、分层随机抽样和分群随机抽样 4 种类型。

非随机抽样，又称为非概率抽样，是指抽样时不遵循随机原则，而是按研究人员的主观判断或仅按方便的原则进行抽样的方法。常用的非随机抽样主要有便利抽样、判断抽样、配额抽样和滚雪球抽样 4 种类型。

2. 抽样方案设计的步骤

抽样方案设计的主要步骤包括：

（1）明确调查目的及抽样单元。

（2）确定或构建抽样框。

（3）选择抽样方案。

（4）确定样本量的大小。

（5）确定实施细节并实施。

3. 抽样设计的基本原则

在抽样设计中，必须把握以下3个基本原则：

（1）实现抽样的随机性原则。

（2）慎重考虑样本容量和结构的原则。

（3）节省成本而实现抽样效果最佳的原则。

在调查实践中，样本容量的确定是一个非常关键的环节。若样本量过小，抽样误差太大，调查结果就不能体现总体情况，失去了定量研究的意义；而样本量过大，又会导致成本支出较高，就体现不了抽样调查的优越性。

从进行调查的实际情况看，确定一个科学而合理的样本量至少要从以下3个方面的因素进行综合权衡：

① 数理统计方面的因素，如总体的构成情况、抽样误差的大小、分组统计频数与最低样本量、抽样的方法等。

② 营销管理实际需求方面的因素，如经费预算、调查的精度要求等。

③ 实施调查方面的因素，如问题的回答率、问卷的回收率等。

任务二　食品营销市场预测

食品营销市场预测是指食品企业在通过市场调查获得一定资料的基础上，针对企业的实际需要以及相关的现实环境因素，运用已有的知识、经验和科学方法，对食品企业和市场未来发展变化的趋势做出适当的分析与判断，为企业营销活动提供可靠依据的一种活动。

一、市场预测的内容

市场预测的内容是相当广泛的，主要有以下5个方面：

（一）市场需求预测

市场需求预测是反映对某种产品未来市场需求前景的推测和估算。

（二）企业产品销售预测

该项预测是在预测整个市场需求量和企业市场占有率基础上进行的。

（三）企业投资效果预测

对投资效果进行预测，首先要预测社会需求状态及变化趋势，论证项目的必要性；其次对投资项目建成后的能源、原材料、交通运输等条件的保证程度进行预测，论证项目的可行性；最后对投资项目所需的资金、投产后的产品成本、利润率、投资回收期等做分析预测，为投资项目决策提供准确依据。

(四) 相关科技发展前景预测

即对新产品、新工艺、新材料、新能源和新技术的发展进行预测。

(五) 新产品开发前景预测

预测新产品的开发方向，即预测顾客对新产品式样、规格、质量、价格、包装等方面的需求变化，以及新产品的上市销售量和销售潜力。

除此以外，还有各种专题预测及生产预测、流通预测、价格预测、消费者行为预测等。

二、市场预测的类型

(一) 按照市场营销预测的时间分类

1. 短期市场营销预测

一般是指年度、季度或月度预测，有时也包括旬度预测。

2. 中期市场营销预测

一般是指一年以上五年以下时间长度的市场营销预测。中期市场营销预测由于时间较短期预测稍长，不确定因素较短期预测略多，数据资料较短期预测较少，故其预测的准确性比短期预测稍差，但仍然具有较好效果。

3. 长期市场营销预测

一般是指五年或更长时间段的市场营销预测，又称远景预测。它的时间跨度长，不可控因素也就更多，在预测中难于全面把握和预测各种可能的变化因素，因此预测的精确度相对于中期和短期预测来说要低。

(二) 按照市场营销预测的性质分类

1. 定性预测

定性预测是指对预测对象内在发展规律进行分析并判断其未来发展变化趋势的一种预测方法。

2. 定量预测

定量预测是依据历史的数据，通过建模和解模，对预测对象未来发展变化趋势进行量的分析和描述的方法。它通常用于原始数据比较充分或数据来源多且稳定的情况。

除了以上两种分类方法外，市场营销预测按空间区域划分还可分为区域性市场营销预测、全国性市场营销预测和国际市场营销预测；按预测的内容又可以划分为市场需求预测、市场供应预测、产品生命周期预测和价格变动预测等。

三、市场预测的步骤

市场预测应该遵循一定的程序和步骤，大致包含以下 5 个步骤：

(一) 确定预测目标

明确目标是开展市场预测工作的第一步，因为预测的目的不同，预测的内容和项目、所需要的资料和所运用的方法都会有所不同。根据经营活动存在的问题，拟定预测的项目，制订预测工作计划，编制预算，调配力量，组织实施，以保证市场预测工作有计划、有节奏地进行。

（二）收集资料

进行市场预测必须具有充分的资料。有了充分的资料，才能为市场预测提供进行分析、判断的可靠依据。在市场预测计划的指导下，调查和收集预测有关资料是进行市场预测的重要一环，也是预测的基础性工作。

（三）选择预测方法

根据预测的目标以及各种预测方法的适用条件和性能，选择合适的预测方法。有时可以运用多种预测方法来预测同一目标。预测方法的选用是否恰当，将直接影响到预测的精确性和可靠性。运用预测方法的核心是建立描述、概括研究对象特征和变化规律的模型，根据模型进行计算或者处理，即可得到预测结果。

（四）预测分析和修正

分析判断是对调查收集的资料进行综合分析，并通过判断、推理，使感性认识上升为理性认识，从事物的现象深入事物的本质，从而预计市场未来的发展变化趋势。在分析评判的基础上，通常还要根据最新信息对原预测结果进行评估和修正。

（五）编写预测报告

预测报告应该概括预测研究的主要活动过程，包括预测目标、预测对象及有关因素的分析结论、主要资料和数据，预测方法的选择和模型的建立，以及对预测结论的评估、分析和修正等。

复习思考题

1. 食品市场营销调查的步骤是什么？
2. 食品市场营销调查的方法有哪些？
3. 市场预测的内容有哪些？
4. 市场预测的类型有哪些？
5. 市场预测的步骤有哪些？

思政小课堂

项目四　消费者市场和消费者行为分析

学习目标:
1. 掌握:消费者市场的含义;人类需求的五个层次。
2. 熟悉:消费者市场的特征;消费者购买行为的模式和类型。
3. 了解:购买动机;影响消费者购买行为的因素、消费者购买决策的过程。

任务一　消费者市场分析

一、消费者市场的含义

消费者市场又称最终消费市场、消费品市场或生活资料市场,是指个人或家庭为满足生活需要而购买商品和劳务的市场,它是市场体系的基础。

消费者市场是现代市场营销理论研究的主要对象。研究影响消费者购买行为的主要因素及其购买决策过程,对于开展有效的市场营销活动至关重要。

二、消费者市场的特征

与生产者市场相比,消费者市场具有以下特征。

（一）从交易的商品看

由于交易的商品是供人们最终消费的产品,而购买者是个人或家庭,因而它更多地受到消费者个人人为因素,诸如文化修养、欣赏习惯、收入水平等方面的影响。消费性产品的花色多样、品种复杂,产品的生命周期短,商品的专业技术性不强,替代品较多,因而商品的价格需求弹性较大,即价格变动对需求量的影响较大。

（二）从交易的规模和方式看

消费品市场购买者人数众多,市场地域分散,成交次数频繁,绝大部分商品都是通过中间商销售,以便消费者购买。

（三）从购买行为看

消费者的购买行为有很大程度的可诱导性。

一是因为消费者在决定采取购买行为时,不像生产者市场的购买决策那样,常常受到生产特征的限制及国家政策和计划的影响，因此具有自发性、感情冲动性。

二是消费品市场的购买者大多缺乏相应的商品知识和市场知识，其购买行为属非专业性购买，他们对产品的选择受广告、宣传的影响较大。

由于消费者购买行为的可诱导性，生产和经营部门应注意做好商品的宣传推广，一方面当好消费者的参谋，另一方面也能有效地引导消费者的购买行为。

（四）从市场动态看

由于消费者的需求复杂，供求矛盾突出，加之随着城乡交往、地区间往来的日益频繁，旅游事业的发展，国际交往的增多，人口的流动性越来越大，购买力的流动性也随之加强。因此，企业要密切注视市场动态，提供适销对路的产品，同时要注意增设购物网点和在交通枢纽地区创设规模较大的购物中心，以适应流动购买力的需求。

三、消费者市场的购买对象及分类

消费者进入市场，其购买对象是多种多样的，但如果以一定的标准进行分类，消费者的购买对象则可以分为不同的类型。

（一）按不同的购买习惯分类

如果以消费者的购买习惯为标准，消费者市场的购买对象一般分为三类，即选购品、便利品和特殊品。

1. 选购品

选购品指价格比便利品贵，消费者购买时愿花较多时间对许多家商品进行比较之后才决定购买的商品，如服装、化妆品等。消费者在购买前，对这类商品了解不多，因而在决定购买前要对同一类型的产品从价格、款式、质量等方面进行比较。选购品的生产者应将销售网点设在商业网点较多的商业区，并使同类产品销售点相对集中，以便消费者进行比较和选择。

2. 便利品

便利品又称日用品，是指消费者日常生活所需、需重复购买的商品，如粮食、饮料、洗发水、洗衣粉、盐等。消费者在购买这类商品时，一般不愿花很多的时间比较价格和质量，愿意接受其他任何代用品。因此，便利品的生产者，应注意分销的广泛性和经销网点的合理分布，以便消费者能及时就近购买。

3. 特殊品

特殊品是指消费者对其有特殊偏好并愿意花较多时间去购买的商品，如电视机、电冰箱等。消费者在购买前对这些商品有了一定的认识，偏爱特定的厂牌和商标，不愿接受代用品。为此，企业应注意争创名牌产品，以赢得消费者的青睐，要加强广告宣传，扩大本企业产品的知名度，同时要切实做好售后服务和维修工作。

（二）按商品的耐用程度和使用频率分类

按商品的耐用程度和使用频率分类，消费者市场的购买对象可分为耐用品和非耐用品。

1. 耐用品

耐用品指能多次使用、寿命较长的商品，如汽车、电视机、电冰箱、音响、电脑等。消费者购买这类商品时，决策较为慎重。生产这类商品的企业，要注重技术创新，提高产品质量，同时要做好售后服务，满足消费者的购后需求。

2. 非耐用品

非耐用品指使用次数较少、消费者需经常购买的商品，如食品、文化娱乐品等。生产这类产品的企业，除应保证产品质量外，要特别注意销售点的设置，以方便消费者的购买。

任务二 消费需求及购买动机分析

人类的一切活动，包括购买行为都是为了满足自身的某些需要。换言之，当消费者一旦产生需求欲望，便会产生实现需求愿望的动机。因此，消费需求和购买动机与购买行为间存在着直接而紧密的关系。

一、消费需求分析

需求，是指人感觉到缺少什么从而想获得它的一种心理状态。消费需求，是指人们对生产质量和生活资料的需求欲望。作为需求，应同时具备两个条件：一是要有购买欲望，即想要购买和情愿购买；二是要有购买能力，即有实现购买欲望的货币支付能力。消费需求是购买欲望和购买能力的统一体，密不可分。

研究和发现消费需求、满足消费者的需求对有效开展营销活动具有十分重要的意义，也将贯穿于营销的整个过程。消费者的需求是多种多样的，并不是所有的需求都能得到满足，因此，必须将需求进行分类，企业才能有针对性地满足目标市场的需求。美国心理学家马斯洛于1943年创立了"需求层次论"，其理论要点是：每个人同时都有许多需求；这些需求的重要性不同，可按阶梯排列；人总是先满足最重要的需求；人的需求从低级到高级具有不同的层次，只有低一级的需求得到基本满足时，才会产生高一级的需求。马斯洛根据需求强度的次序，将人类的需求分成5个层次，即生理需求、安全需求、社会需求、自尊需求和自我实现需求。

（一）生理需求

生理需求是指与个人生存直接相联系的需求，即人类为了生存、维持生命而产生的最低限度的基本生活资料，如衣、食、住、行等方面的基本需求。马斯洛认为生理需求是驱使人类进行各种行为的强大动力，当人们的生理需求得到了一定程度的满足时，人们才会产生更高一层次的需求。

（二）安全需求

安全需求是指人类为了保障身体、健康及财产等周边安全不受危险和威胁而产生的需求。人们期待自己生活的社会环境有一定的安全感，社会保持一定的稳定性，即没有灾难、没有疾病、没有危险、没有混乱等。

（三）社会需求

社会需求是指人们在社会生活中，期望能得到社会群体或个人的承认和认同，使自己在精神上有所归属。这种需求如得不到满足，人们将会强烈地感到孤独，感到被社会所抛弃，精神将变得萎靡。在这种需求的驱使下，人们会非常重视人与人之间的交往，进行感情联络和社会关系的建立。

（四）自尊需求

自尊需求是指人们对名誉、地位的欲望及个人能力、才华和成就能得以展示，并能获得人们尊重和社会认可的需求。如受人尊重、威望、成就、赞赏、身份显示等。

（五）自我实现需求

自我实现需求是人类的高级需求，是指人们充分发挥个人能力，实现理想抱负，取得成就的需求。如获得成就的欲望、个人自主权的行使等。这种需求是在其他需求得到满足的基础上才有可能出现的，人们都希望能以不同的方式来显示自己的成就。

二、购买动机分析

动机，是一种推动和维护人们为达到特定的目的而采取行动的直接原因，也是推动人们进行各种活动的愿望和理想。消费者一旦产生需求欲望，就会产生实现需求愿望的动机。消费者的购买动机是指消费者为了满足某种需求，产生的对某种商品的购买欲望和意向，是使消费者做出购买商品决策的内在驱动力，是引起购买行为的前提。

引起消费者购买动机的原因主要来自两个方面：一方面是消费者的需求，另一方面是外界影响对消费者的刺激。不同的购买动机，构成了消费者不同的购买行为。这里将消费者的购买动机分为生理性动机、心理性动机和社会性动机3大类。

（一）生理性动机

生理性动机是由生理需求引起的，即购买其维持生命生理需要的基本生活资料的动机，是人类最基本的购买动机。如对粮食、副食品、服装等的购买动机。

（二）心理性动机

心理性动机主要是由消费者的认知、情感、意志等心理过程引起的购买动机，即满足其精神需求的动机。主要分为感情动机、理智动机和惠顾动机3类。

1. 感情动机

感情动机是指由消费者的感情需要而引发的购买行为。具体可分为情绪动机和情感动机。

（1）情绪动机。情绪动机是指由消费者的喜、怒、哀、乐等情绪所引起的购买动机。根据情绪的特点，这类动机具有冲动性和不稳定性。

（2）情感动机。情感动机是指由消费者的道德感、集体感、友谊感及美感等情感所引起的购买动机。这类购买行为具有较大的稳定性，往往可以从购买中反映出消费者的精神面貌。

2. 理智动机

理智动机是建立在消费者对商品的外形、性能、质量等特征，经过思维分析后产生的购买动机。拥有理智动机的往往是那些具有丰富的生活阅历和比较成熟的中年人，他们对商品的购买比较看重的是商品的物美价廉及商品的实用性和必要性。

3. 惠顾动机

惠顾动机是消费者基于感情和理智的判断，对某商品、品牌、企业、商店等产生特殊的信任和偏好，驱使其重复地、习惯性地购买的一种行为动机。构成惠顾动机的因素有：产品质量要可靠，产品品种要齐全，服务要细致周到，物品要物美价廉，提供的时间和地点要有高度的便利性。

（三）社会性动机

社会性动机是指消费者主要受社会因素的影响，购买某些商品用来满足社会性需求的购买动机。如购买食品、衣物、药品等捐赠给地震灾区或洪涝灾区，购买文具、书籍等捐赠给希望学校或贫困学生等的购买动机。

三、消费需求、购买动机与企业营销的关系

消费需求、购买动机和营销活动是一个较为复杂的问题，三者之间的关系主要表现在以下4点。

（1）消费者的购买动机是由需求引起的，但在一定时期内，不同层次的需求不能同时得到满足，因此其购买动机的强烈程度便不同。在众多需求和动机中，只有最迫切得到满足的需求和最强烈的购买动机才最容易产生购买行为，因此，营销人员必须及时了解掌握消费者最迫切的消费需求和最强烈的购买动机，才能有针对性地开展营销活动，加速促成消费者的购买行为的产生。

（2）消费者的消费需求和购买动机往往是通过不同的商品来满足的，这些商品之间具有相互替代性，因此，企业一定要通过提高品质、加强包装等方式提升自己的产品在相同产品和相关产品间的竞争力。

（3）消费者的消费需求和购买动机的产生都具有一定的背景性。企业在了解和掌握消费者需求和动机的同时，要深层次地分析其产生的背景和原因，可以为企业开拓消费者潜在和未来的消费市场做准备。

（4）消费者在同一时期可能具备同一层次的多种消费需求和购买动机，在不能同时被满足时，企业可以运用多种有效的促销方式来争取顾客，让自己的商品成为满足消费者同一层次需求和动机的首选，从而赢取市场份额。

任务三 认知消费者购买行为模式和类型

消费者购买行为是指消费者为满足自己生活的需求，在一定的购买动机驱使下，所进行的购买商品的活动过程。消费者购买行为是人类社会普遍存在的一种行为方式，任何人都要通过购买的行为获取各种生活必需品和服务来满足自身的生存、发展和享受。

一、消费者购买行为模式

(一) 刺激—反应模式

菲利普·科特勒把消费者购买行为总结为刺激—反应模式。刺激—反应模式又称为黑箱模式，是消费者行为理论中最基本的模式。消费者的行为是在其动机的支配下发生的，动机的形成是消费者一系列复杂心理过程的结果。消费者这一系列的心理过程及其购买决策过程是看不见的。

消费者购买行为的发生首先发端于外部的刺激，这种刺激包括两种类型：一类是企业所能控制的各种因素，即营销刺激"4P"（产品、价格、分销、促销）；另一类是企业不能控制的各种宏观环境因素，如文化、经济、技术、政治等对消费者的刺激。

这些不同类型的刺激进入消费者的意识后，基于不同购买者的不同个人特征，在思想意识领域进行了受个人特征影响的复杂的决策过程，最终形成不同的购买反应。对购买者的外部刺激和购买者的反应都是可见的，但购买者如何根据外部刺激进行分析、判断和决策的过程却是不可见的"黑箱"内容。企业的营销任务就是要了解"黑箱"中所发生的内容，以便采取更有针对性和实效性的营销刺激。

(二) 恩格尔-科拉特-布莱克威尔模式

恩格尔-科拉特-布莱克威尔模式强调了消费者购买决策的过程。这一过程始于问题的确定，终于问题的解决。在这个模式中，受许多因素影响的消费者心理成了"中央控制器"，其输入内容包括产品的物理特性和诸如社会压力等无形因素。在这里，这些内容在"插入变量"——态度、经验和个性的作用下，便得出了"中央控制器"的输出结果：购买决定。当然，如果输入内容不与"插入变量"相结合，就不会得出输出结果。

(三) 霍华德-谢恩模式

霍华德-谢恩模式是利用4种因素来描述购物行为：投入因素（刺激因素）、内在因素、外在因素和产出或反应因素。这4个因素的综合作用导致了消费者购买行为的产生和变化。

1. 投入因素

投入因素是引起消费者产生购买行为的刺激因素，它包括三大刺激因子：产品刺激因子、符号刺激因子和社会刺激因子。产品刺激因子是指产品各要素，如产品质量、品种、价格、功能和服务；符号刺激因子是指媒体等传播的商业信息，如广告及各种宣传信息；社会刺激因子是来自社会环境，诸如家庭、相关群体等因素的影响。

2. 内在因素

内在因素介于投入因素和产出因素之间，是该模式最基本的因素。它主要说明投入因素和外在因素如何通过内在力量作用于消费者，并最终引起消费行为的出现。消费者内心接受投入因素的程度受需求动机和信息反应敏感度的影响，而后者又决定于消费者购买欲望的强度和"学习"效果。消费者的偏好选择受内心"决策仲裁规则"的制约。"决策仲裁规则"是指消费者根据动机强度、需求紧迫程度、预期效果、消费重要性和过去的学习等，把各种消费对象和因素进行排序的规则。

3. 外在因素

外在因素包括相关群体、社会阶层、文化、亚文化、时间压力和产品的选择性等。投入因素的刺激，通过内在、外在因素的交互影响，最后形成产出或反应因素。

4. 产出或反应因素

产出或反应因素可以以不同的形式和内容体现出来，如注意、了解、态度、消费意图等。

二、消费者购买行为类型

消费者的购买行为在内在、外部等多种因素的影响下，表现的形式也多种多样。将购买者行为按不同的方法进行分类，得出的类型也不同。

（一）按照消费者不同的个性特征进行分类

1. 理智型购买行为

理智型购买行为是指消费者在购买活动中以理智为主，在每次购买前对所购的商品，要进行较为仔细的研究比较。购买感情色彩较少，头脑冷静，行为慎重，主观性较强，不轻易相信广告、宣传、承诺、促销方式以及售货员的介绍。这种类型的购买者对市场信息比较了解，并具有丰富的购买经验，不会轻率做出决定，一旦决定后也不易被改变。企业对这类消费者应真诚地提供更多的可靠信息，才能更加坚定他们对商品的选择。

2. 习惯性购买行为

消费者并未主动、深入地搜集信息和评估品牌，没有经过信念-态度-行为的过程，只是习惯于购买自己熟悉的品牌，在购买后可能评价，也可能不评价产品，这类购买行为被称为习惯性购买行为。如果消费者认为各品牌之间没有什么显著差异，就会产生习惯性购买行为。这类产品一般价格低廉且大多是经常购买的日常消费品。购买食盐就是一个例证。消费者发现家中食盐用完了，就会去附近商店购买某一品牌食盐。如果消费者长期购买同一品牌的食盐，那只是出于习惯，而非出于对品牌的忠诚。

消费者形成重复和习惯性购买，主要有两个原因：一是减少购买风险；二是简化决策程序。消费者习惯和重复选择某一品牌是由于他认定不同品牌其实没有实质性差异。如果遇到竞争品牌降价或者竞争企业采用强有力的促销手段，消费者可能会转换品牌且不会做更多的思考。

在现实生活中，习惯性和重复性购买是一种常见的购买情形。随着习惯性购买的形成和发展，消费者在产品购买上越来越富有知识和经验，获取信息的渠道和信息量均呈下降趋势。搜集的信息类型也在发生变化，由原来更多地关心、依赖与产品本身相关的信息，如食品新鲜程度、维生素含量等，转向更多地关注价格、可获利性等方面的信息。

对消费者的习惯性购买行为，企业可以尝试采取以下营销策略：

（1）依靠价格优惠、展销、示范、赠送、有奖销售等手段引起顾客的兴趣并试用。

（2）发布大量重复性广告使消费者对品牌渐渐熟悉，从而实现购买。

（3）提高购买介入程度和品牌差异。提高购买介入程度的主要途径是在不重要的产品中增加较为重要的功能和用途，并在价格和档次上与同类竞争性产品拉开距离。

3. 经济型购买行为

经济型购买行为是指消费者购买时特别重视价格，对于价格的反应特别灵敏。购买无论是选择高档商品，还是中低档商品，首选的是价格，他们对"大甩卖""清仓""血本销售"等低价促销最感兴趣。一般来说，这类消费者与自身的经济状况有关。消费者主要从经济的角度出发，以经济实惠、物美价廉为中心来做出购买决策并实施购买行为。主要考虑的是价格因素，因此对商品的价格变化也非常敏感。企业对这类消费者可以采用商品降价、商品优惠等促销方式吸引他们。

4. 冲动型购买行为

冲动型购买行为是指消费者容易受商品的外观、包装、商标或其他促销刺激而产生的购买行为。购买一般都是以直观感觉为主，从个人的兴趣或情绪出发，喜欢新奇、新颖、时尚的产品，购买时不愿做反复的选择比较。这种类型的消费者对市场信息缺乏了解，不具备丰富的购买经验，只是受情绪的影响便轻率地做出决定，但决定后也容易受情绪影响而发生改变。企业对这类消费者应尽量通过促销手段来感染消费者，调动消费者情绪，从而争取消费者的购买行为。

5. 情感型购买行为

情感型购买行为是指消费者往往受到感情的支配来做出购买决策的购买行为。这种类型的购买者一般都具有一定的艺术细胞，善于联想，审美情趣高，往往以丰富的联想力衡量商品的意义，对商品的外表、造型、颜色和命名都较重视，以是否符合自己的想象作为购买的主要依据。在商品购买过程中容易受商品的品牌、知名度及象征意义等的影响。企业对这类消费者可以采用丰富商品的寓意、加强商品的现代包装等方式来打动他们。这类消费者的购买多属情感反应。

6. 随意型购买行为

随意型购买行为是指消费者在一些商品的购买上没有固定的要求，而是抱着试试的态度来选购的一种购买行为。这种类型的消费者对商品缺乏购买经验，没有固定的偏好。这类消费者的购买多属尝试性，其心理尺度尚未稳定，购买时没有固定的偏爱，在上述5种类型之间游移，这种类型的购买者多数是独立生活不久的青年人。企业对这类消费者可以采用加强广告宣传的方式来刺激消费者，引起消费者的购买欲望和购买动机，最终实现购买行为。

(二) 按照消费者购买介入程度和品牌差异程度进行分类

1. 多样性购买行为

如果消费者属于低度介入，并了解现有品牌之间的显著差异，则会产生多样性的购买行为。这类产品一般价格并不昂贵，并且有很多品牌可供选择。消费者在购买产品时有很大的随意性，并不深入搜集信息和评估比较就决定购买某一品牌，在使用时才加以评估，但是在下次购买时又转换其他品牌。转换的原因是厌倦原口味或想试试新口味，是寻求产品的多样性而不是对原有品牌不满意。

针对这种购买行为，企业可采取的策略有：品牌多样化，并突出不同品牌的特性和优势；不同的品牌确立不同的价格定位；加大广告宣传，树立品牌形象。

2. 复杂型购买行为

复杂型购买行为是指消费者对价格昂贵、品牌差异大、功能复杂、不常买的商品，由于缺乏必要的产品知识，在进行商品选购前要进行信息收集，仔细对比等高度介入，以求降低风险的购买行为。

对于复杂的购买行为，消费者购买过程完整，要经历大量的信息搜集、深入全面的产品评估、慎重的购买决策和认真的购后评价等各个阶段。在住宅、汽车、计算机等大件商品的购买以及外出旅游等带有强烈情感色彩的决策上，复杂的购买行为较常见。

对于复杂的购买行为，营销者应制订策略帮助购买者掌握产品知识，主动提供专业化的服务，宣传本品牌产品的优点，发动商店营业员和购买者的亲友影响购买者的最终购买决定，简化购买过程，从而影响消费者的购买决策。

3. 协调性购买行为

协调性购买行为是指消费者对价格高、品牌差异小、不经常购买、购买时具有一定风险的商品，购买时需要花大量的时间和精力去货比三家，最终做出决定，但购后又容易出现不满意等失衡心理，需要企业及时化解的购买行为。针对这种购买行为，企业应运用价格策略和促销策略，促使消费者做出购买决策。具体的营销策略有：定价合理，真诚服务，树立企业良好形象；选择与同类商品在同一地点和时间进行销售，以便消费者进行对比；培养专业化、服务好的销售人员，能及时为消费者进行产品推销，消除消费者心中疑虑。

4. 减少失调感的购买行为

减少失调感的购买行为是指消费者并不广泛收集产品信息，并不精心挑选品牌，购买决策过程迅速而简单，但是在购买以后会认为自己所买产品具有某些缺陷或其他同类产品有更多的优点，进而产生失调感，怀疑原先购买决策的正确性。

三、影响消费者购买行为的因素

消费者购买行为是指消费者为满足自己的生活需求，通过寻找、购买、使用、评估和处理等方式进行商品或服务购买的活动过程。消费者购买行为取决于他们的需求和动机，从而形成消费习惯和行为，但这不仅仅是个人行为，而是在许多因素的影响下形成的。这些因素主要有个人因素、心理因素、社会因素、文化因素和情景因素5个方面。这5个方面因素属于不同的层次，对消费者行为的影响程度是不同的。影响最深远的是一个民族的传统文化，它影响到社会的各个阶层和家庭，进而影响到每个人的心理和行为。影响消费者行为最直接的、决定性的因素，是个人及其心理特征。

（一）个人因素

影响消费者购买行为的个人因素包括年龄、职业、经济状况、生活方式、个性特征和消费者年龄及家庭生命周期的阶段等。

1. 年龄

年龄对于人们购物的地点、使用产品的方式和对营销活动的态度有重要影响。目前包括我国在内的世界上的大多数国家都面临着人口老龄化的问题，这必然会导致更多新的针对老年人的细分市场的出现。

2. 职业

不同职业的消费者受教育程度、工作环境、工作性质、工作观念和收入等方面都有所不同，因此，消费需求的内容、对同类商品的兴趣度和偏好上都有所差异。职业的差别使人们在衣食住行等方面有着显著的不同。譬如，通常不同职业的消费者在衣着的款式、档次上会做不同的选择，以符合自己的职业特点和社会身份。

企业应在了解不同职业消费者的兴趣和爱好的基础上，明确目标市场，从而制定相应的营销策略。

3. 经济状况

经济状况包括个人经济状况和家庭经济状况。

个人经济状况包括个人可支配的收入、存款与资产、借债能力以及对储蓄和花钱的态度等。一个人的经济状况直接决定了购买能力的大小和消费水平的高低，从而直接影响了消费者对商品购买质量与数量的需求。消费者一般在可支配收入的范围内考虑更合理的购买行为，以便更有效地满足自己的需要。因此，经济状况对个人消费具有较大的影响，企业应经常注意消费者个人收入、储蓄和存款利率等的变化，合理制定价格策略。

4. 生活方式

生活方式是在一定社会制度下，社会群体及个人在物质和文化生活中各种活动形式和行为特征的总和。一个人的生活方式主要由自己的价值观来决定，具体表现在兴趣、活动和思想观念等方面。生活方式不同，消费的重点和偏好也有所区别。企业可以根据消费者的价值观、目标、兴趣、观念、活动来开展广告宣传、品牌设计、产品改良等营销活动。

5. 个性特征

个性也称人格，是个体在多种情境下表现出来的具有一致性和稳定性的心理品质，包括人格倾向性和人格心理特征。

（1）人格倾向性。人格倾向性包括人的需要、动机、兴趣和信念等，决定人对现实生活的态度、趋向和选择。

（2）人格心理特征。人格心理特征包括人的能力、气质和性格，是影响人的行为方式的个人特性。个性对于消费者是否更容易受他人的影响，是否更倾向于采用创新性产品，是否对某些类型的信息更具有感受性等均有一定的预示作用。同时，在购买商品时，消费者往往以自我形象作为消费的标准，购买与自己性格和形象相符的品牌。因此，企业营销应使产品形象与目标消费者的自我形象达到一致，从而促使他们产生购买行为。

6. 消费者年龄及家庭生命周期的阶段

人们在一生中购买的商品和接受的劳务是不断变化的，年龄很小的时候吃婴儿食品，发育和成熟时期吃各类食品，晚年对食品的要求将更为特殊。同样，人们对衣服、家具和娱乐的喜好也同年龄有关。消费要根据家庭生命周期阶段来安排。处在每一阶段上的家庭和个人都有相应的商品消费需求。营销人员应该充分了解处在不同周期的消费者以及家庭的消费实况，这对开发产品、拟订相关的营销计划具有不可估量的意义。

不同年龄的消费者由于价值观、思维方式、兴趣和爱好不同，因此对商品的需求也存在较大差别，特别是在购买商品的种类、式样、风格和购买方式上都各有特点。同时，家庭生命周期阶段的不同，也会影响消费者的需要和爱好。

（二）心理因素

影响消费者购买行为的心理因素主要包括知觉、动机、学习、态度与信念。

1. 知觉

知觉是人脑对刺激物各种属性和各个部分的整体反映，它是对感觉信息加工和解释的过程。不同的消费者对商品和服务的认知不一样，就会做出不同的选择，导致不同的购买行为。消费者的知觉过程包括3个相互联系的阶段，即展露、注意和理解。这3个阶段也是消费者处理信息的过程。在信息处理过程中，如果一则信息不能依次在这几个阶段生存下来，它就很难贮存到消费者的记忆中，从而也无法有效地对消费者行为产生影响。

2. 动机

动机是一种需要，它能够及时引导人们去探求满足需要的目标。人类一切活动都是为了满足自身的需要，而在众多的需要中，只有一些比较迫切的需要才能发展成为动机。动机主要解决人们为什么要购买某产品的问题，是消费者产生购买行为的主要推动力。消费者具体的购买动机有：求值动机、求新动机、求美动机、求名动机、求廉动机、从众动机、喜好动机等。以上购买动机是相互交错、相互制约的。

关于动机的理论很多。精神分析说认为，人的行为与动机主要由潜意识所支配，研究人的动机，必须深入人的内心深处，并认为仅仅通过观察消费者行为和询问消费者都不可能获得消费者的真正购买意图。

3. 学习

学习是指由于后天经验引起的个人知识、结构和行为的改变过程。学习是因经验而生的，同时伴有行为或能力的改变。此外，学习所引起的行为或能力的变化是相对持久的。人类的学习过程包括趋势力、刺激物、提示物、反应、强化诸因素相互影响和相互作用的过程。

消费者学习的类型主要有4种：

（1）行为学习，包括在生活、工作、学习、与人交往等方面的行为。

（2）符号学习，包括语言、文字、造型、色彩、音乐等方面的含义。

（3）情感学习，包括消费者自身的实践体验和外界鼓励、支持、劝阻、制裁等因素。

（4）解决问题的学习，包括消费者对不同事物和问题的思考和见解。

4. 态度与信念

（1）态度。态度是由情感、认知和行为构成的综合体。

态度有助于消费者更加有效地适应动态的购买环境，使之不必对每一新事物或新的产品、新的营销手段都以新的方式做出解释和反应。消费者态度对购买行为有重要影响。态度影响消费者的学习兴趣与学习效果，并将影响消费者对产品、商标的判断与评价，进而影响购买行为。

态度一般通过购买意向来影响消费者购买行为。但是态度与行为之间在很多情况下并不一致。造成不一致的原因，除了主观规范、意外事件以外，还有很多其他的因素，如购买动机、购买能力、情境因素等。

（2）信念。信念是人们在一定认识的基础上确立的对某种思想或事物坚信不疑并身体力行的心理态度和精神状态。

首先，信念是以情感为要素的，人要接受一些信念首先需要在情感上接受它。但是只有情感还是不够的，信念更重要的是要有理性作为支撑。只有理性思维才能使人拥有正确的认识，也才能形成坚定的信念。有些信念建立在知识的基础上，有些信念建立在成见上，这种对事物所持的描述性的想法将会影响消费者的购买选择。

信念和态度的形成是一个逐步的发展过程，一旦形成，就会呈现出稳定的模式并直接影响人们的消费行为。企业要改变消费者的信念和态度就必须在营销策略方面做重大的调整。

（三）社会因素

影响消费者购买行为的社会因素主要包括家庭、社会阶层、相关群体、社会角色和地位。

1. 家庭

家庭是由婚姻、血缘或收养而产生的亲属间的共同生活组织，是社会基本的消费单位。家庭是社会上最重要的消费者购买组织。购买者家庭成员对购买者行为影响很大，在购买者生活中可区分为两种家庭类型。婚前家庭包括一个人的双亲，每个人都从父母那里得到有关政治、经济、个人抱负、自我价值和爱情等方面的指导。即使购买者与他的双亲之间的相互影响已经不太大了，但双亲购买者无意识的购买行为的影响仍然是重要的。在许多父母和子女共同生活在一起的国家里，如东方国家，父母的影响力是非常大的。

对日常购买行为有更直接影响的是有子女的家庭，即夫妻和其子女。它是社会中最重要的消费购买单位。营销人员已就家庭进行了广泛的调查研究，他们对夫妻及子女在各种商品和服务的消费中所起的不同作用和相互之间的影响深感兴趣。

2. 社会阶层

社会阶层是指将全体社会成员按照收入、教育、职业、权力、声望等标准划分为彼此地位相互区别的社会群体。同一社会阶层的消费者有着相似的价值观、信念和态度、生活方式、思维方式和行为模式，不同社会阶段的消费者在购买行为和购买模式上存在着较大的差异。

3. 相关群体

相关群体是指能直接或间接影响消费者态度、行为和价值观的群体。营销人员必须识别目标顾客的参考群体，特别是参考群体中的"意见带头人"，他们是大众市场顾客的模仿对象。意见带头人分散于社会各阶层，某人在某一产品方面可能是意见带头人，但在其他产品方面也许只是意见的追随者。

相关群体包括主要群体和次要群体两类。

（1）主要群体。主要群体是与某人联系密切，直接发生影响的群体，如家庭成员、亲朋好友和同窗同事等，他们对消费者的购买行为发生直接和主要的影响。

（2）次要群体。次要群体是对人们相互影响较小的群体，如消费者所参加的工会、职业协会等，它们对消费者的影响要小于主要群体。产生间接影响的相关群体是指消费者不属于或与其不直接发生影响的群体，包括崇拜群体和厌恶群体两类。崇拜群体是指个人崇拜的一些人或向往加入的群体，如歌星、影星、球星等，他们对消费者在穿着打扮、行为举止上都有很大的影响；厌恶群体是指个人讨厌或反对的群体，都会与他们保持距离，不愿意与他们发生任何关系，如声名狼藉的人或团体。企业要利用相关群体对消费者施加影响，从而扩大销售。

4. 社会角色和地位

社会角色是人与社会地位相联系的并按规范执行的行为模式。地位是人们在各种社会关系网中所处的位置。每个人在社会各群体中的位置可用社会角色和地位来确定，在不同场合扮演不同的角色，同时也享有不同的社会地位。这一地位反映了社会对其的总评价。人们在购买商品时往往会根据自己在社会中所处的角色和地位来定位，选择符合自己身份和地位的商品作为标志。

（四）文化因素

文化有广义与狭义之分，广义文化是指人类创造的一切物质财富和精神财富的总和；狭义文化是指人类精神活动所创造的成果，如哲学、宗教、科学、艺术和道德。由于不同社会或国家的文化往往围绕不同的因素或在不同的物质基础上建立起来，具有互感性、继承性、阶段性、民族性、学习性、地区性和多样性等特征，因此，处于不同文化环境的人们在价值观、信仰、态度、道德和习俗方面常常有较大的差异，导致人们的需求不同，从而购买行为也不同。企业要尊重当地及消费者的文化，且不能与之相违背。

在消费者行为研究中，由于研究者主要关心文化对消费者行为的影响，所以将文化定义为经过学习获得的，用以指导消费者行为的信念、价值观和习惯的总和。文化具有习得性、动态性、群体性、社会性和无形性的特点。

（五）情境因素

情境因素既包括环境中独立于中心刺激物的成分，又包括暂时的个人特征如个体当时的身体状况等。一个十分忙碌的人较一个空闲的人可能更少注意到呈现在其面前的刺激物。处于不安或不愉快情境中的消费者，会注意不到很多展露在他面前的信息，因为他可能想尽快地从目前的情境中逃脱。

一些情境因素，如饥饿、孤独、匆忙等暂时的个人特征，以及气温、在场人数、外界干扰等外部环境特征，均会影响个体如何理解信息。可口可乐公司很少在新闻节目之后播放其食品广告，他们认为新闻中的"坏消息"可能会影响受众对其广告与食品的反应。可口可乐公司负责广告的副总经理夏普指出："不在新闻节目中做广告是可口可乐公司的一贯政策，因为新闻中有时会有不好的消息，而可口可乐是一种助兴和娱乐饮料。"夏普所说的这段话，实际上反映了企业对"背景引发效果"的关切。背景引发效果是指与广告相伴随的物质环境对消费者理解广告内容所产生的影响。虽然目前有关背景引发效果的实证资料十分有限，但初步研究表明，出现在正面节目中的广告获得的评价更加正面和积极。

综上所述，影响消费者购买行为的因素很多，同时受到个人、心理、社会、文化和情境因素之间复杂的影响和作用，其中很多因素是营销人员无法改变的。但是这些因素在识别对产品有兴趣的购买者方面颇有用处，它提示营销人员如何开发产品、制定价格、选择地点和促销，以便引发消费者的强烈反应。

任务四　消费者购买决策过程分析

消费者购买决策过程是指消费者决策购买或拒绝购买某种产品或服务的选择过程，也叫问题解决过程。对于企业来讲，仅了解影响消费者行为的主要因素是不够的，还要了解消费者购买行为的参与者、购买决策的内容和购买决策的过程。

一、购买行为的参与者

商品购买决策的主体是个人和家庭。对购买什么、怎样购买、何时何地购买等问题，究竟谁是决策者，要依据不同的商品而定。按消费者在购买决策过程所发挥的作用，也就是说扮演的角色，可将消费者分为如下 5 类。

（1）发起者，即最初提出购买某种产品或服务的人。

（2）影响者，即其看法或建议对最终决策者具有直接或间接影响的人。

（3）决策者，即最后做出购买决策的人，他（她）在家庭中享有较高的威信，有权做出最后决定。

（4）购买者，即实际执行购买决策的人。

（5）使用者，即实际消费或使用产品或服务的人。

企业必须识别以上这些角色，针对不同的角色，采取不同措施，分别去调动和影响他们对产品购买的积极性。

二、购买决策的内容

消费者购买决策的内容主要包括 6 个方面，即购买目的、购买者、购买对象、购买方式、购买时间和购买地点。

1. 购买目的

购买的目的是什么，这是对购买原因的分析，即消费者是出于什么样的动机来购买商品。由于购买需求引发购买动机，多样的购买需求将决定购买动机的复杂性。企业要准确把握好购买需求和购买动机，就必须做好市场调查和预测。

2. 购买者

购买者是谁，这是对购买主体的分析，即企业的目标顾客是谁。企业要分清不同的购买角色，才能明确自己的目标市场，制定适宜有效的营销策略。

3. 购买对象

购买的对象是什么，这是对购买客体的分析，即消费者需要买什么东西。不同消费者对不同商品的购买欲望和购买动机是不一样的，因此导致了实际的购买行为也各不相同。企业要抓住消费者的购买心理，才能抓住市场。

4. 购买方式

购买方式是指怎么买，即消费者采取什么方式或手段购买商品。针对不同价位、不同功能、不同大小的商品，消费者在选择购买方式上是不同的。因此，企业要采取多种灵活的销售方式，不断提高服务水平来满足消费者的需求。

5. 购买时间

购买时间是什么时候，何时买，即消费者在什么时候购买商品。一般来讲，消费者对商品的购买具有一定的时间规律，如季节性、节日期间等。企业要掌握好消费者的购买时间，可以灵活地调整商品的生产和销售，以便及时供应市场，满足消费者的需求。

6. 购买地点

购买地点在哪里，何地买，即消费者在什么地点、什么商店购买商品。不同的消费者，对不同商品选择的消费地点是不一样的。根据消费者购买地点的差异性，企业应合理地设置销售网点，尽力提供方便。

三、购买决策的过程

每一个消费者在购买某一商品时，都会有一个决策过程，这是一个复杂的过程，整个过程主要分为 5 个阶段，即确认需求、信息收集、方案评估、购买决定、购后行为。

1. 确认需求

消费者购买的行为是为了满足自身的某个方面的需求，正确识别和确认自身的需求是购买决策的开始。消费者的需求一般由内部刺激和外部刺激所引起。内部刺激是人的本能需求，外部刺激是人体对外部客观存在的触发及其需求，可以激活内部的需求。企业应抓住需求的时机，引起需求的诱因，促使消费者增强刺激，唤起和强化消费者的需求，引发消费者实现购买行动。

2. 信息收集

消费者需求被激发而明确了相关的购买目标后，就会对目标产品进行信息收集，为决策方案做准备。信息的来源主要有以下两个方面。

（1）个人来源。如家庭、朋友、邻居或同事等。

（2）商业来源。如广告宣传、推销员、经销商、商品说明书、包装和展销会等。

商业来源和公共来源对消费者的行为影响比较间接，但诱导性强。企业要了解不同信息对消费者购买行为影响的程度，注意不同文化背景收集信息的差异性，有针对性地设计恰当的信息传播策略。

3. 方案评估

消费者收集与自己需求相关的各种资料之后，便会将这些资料进行分析整理，从资料中得到自己所需产品的相关信息，构成购买决策的选择范围和初步方案，然后对各种方案进行分析评估，为购买决策提供参考。对产品评估时要注意产品的属性和权重、品牌信念和效用要求。不同的消费者选择的侧重点不一样，得到的结果差异很大。企业应尽量多地了解消费者心目中理想产品的属性，根据掌握的情况，增加产品功能，改变消费者对产品属性的认识，使消费者重新对产品进行定位，树立品牌在消费者心目中的良好形象。

4. 购买决定

通过对方案的评估，消费者对心目中的理想产品形成一种购买倾向，并最终形成实际购买行为。消费者的购买决策还受购买品种、购买数量、购买方式、购买时间、购买地点、他人态度（如家庭成员）和外部环境因素（如收入、利率）的影响。因此，企业在消费者购买决策阶段应该向消费者提供更多的专业的产品信息，增强消费者购买产品的信心。

5. 购后行为

消费者购买商品后，会通过使用和家庭成员及亲友的评价，对自己的产品产生某种程度上的满意或不满意的评比。消费者对产品的预期性越高，实际使用同预期的差距越大，不满意程度将会越大。购后满意情况是对企业的一种重要反馈，必将影响购买者对商品的态度及其以后的购买行为；对周边人的购买行为也会产生影响。企业应注重消费者购后行为的信息收集、整理和分析，广泛收集意见，建立回访制度，及时处理顾客投诉，提供全面的售后服务，增强消费者购后的满意度。企业还应实事求是地宣传和介绍自己的产品，并注意符合产品的实际性能，以便使购买者满意或增加满意感。

复习思考题

1. 请简述人的需求的五个层次。
2. 请简述消费者购买动机有哪些？
3. 请简述消费者购买行为模式有哪些？
4. 请简述消费者购买行为类型有哪些？
5. 请简述影响消费者购买行为的因素都有哪些？
6. 请简述消费者购买决策过程。

思政小课堂

项目五　组织市场与购买行为

学习目标：

1. 掌握：组织市场的概念、类型、特点；生产者市场的概念及其购买行为的特征、类型、购买决策过程。

2. 熟悉：关系营销与交易营销的区别及联系；中间商市场的概念及其购买行为的特征、类型、购买分析。

3. 了解：政府机构市场、政府采购的概念及政府采购的组织方式。

任务一　组织市场的类型与特点

人们通常对终端消费者市场较为熟悉，但是很多人对组织市场知之不深。组织市场是巨大的，它涉及的价值与产品交易量要比消费市场多得多。举例说明：在为生产和销售一瓶酒而涉及的大量商业交易中，各种企业向生产酒的厂家销售其生产所必需的粮食、原料、玻璃等其他产品。然后酒厂再将酒卖给批发商，批发商再卖给零售商，最终零售商将酒卖给消费者。因此，整个过程中，组织市场便应运而生了。

一、组织市场的概念及类型

组织市场是由各种组织机构形成的对企业产品和劳务需求的总和。它大致可分为 3 种类型：生产者市场、中间商市场和政府市场。

（一）生产者市场

它是指一切购买产品和服务并将之用于生产其他产品或提供劳务，以供销售、出租或供应给他人的个人或者组织。例如，对于生产瓶子的厂商，生产饮料的一些企业就是它的生产者市场。生产者市场是一个庞大的市场，其购买者几乎分布在社会的各个行业当中，包括农业、林业、渔业、牧业、采矿业、制造业、建筑业、运输业、通信业、银行业、保险业等其他一些行业。生产者市场的交易内容主要为生产资料和各项生产要素（资金、劳动力、信息技术等），它们构成生产者市场的两个最主要的细分市场。

（二）中间商市场

中间商市场又称转卖者市场，它是由以盈利为目的、购进商品后再转卖或出租给别人的所有组织和个人组成的市场。

中间商经营的产品种类繁多，涉及的范围也是巨大的。在现实当中，除了少数产品如重型或复杂的机械、定制的产品以及直接邮购或上门推销的产品由制造商直接销售给最终顾客外，其余绝大多数的产品都是通过中间商市场才被卖到最终消费者手中的。如我们熟悉的超市、商场，大部分都是采用这种形式。中间商有两种基本类型，即批发商和零售商。

（三）政府市场

政府市场是指为了执行政府职能而购买或租用产品的各级政府及其下属各部门组织组成的采购市场。

各国政府通过税收、财政掌握了相当部分的国民收入，形成了潜力巨大的政府采购市场，它是非营利组织市场的重要主要组成部分。政府采购的基础是获取那些能实现公众目标所必需的产品和服务。政府采购的商品和服务的范围是相当广阔的，最常见的包括各种设备、设施、办公用品、器械、燃料等，主要用于国防、公共福利、医疗保健、基础设施建设、新能源研究、自然资源的保护和开发，以及提供公共服务、住房建设和城市工程改造。政府采购的目的不是获取利润，而是为了执行政府公共职能，向社会提供公共产品，保护国家安全和社会公众利益。例如，政府参与市场调节，稳定物价和市场的宏观调控；政府的扶贫帮扶工作以及在国际上的人道主义援助等。由于开支巨大，决策程序受到严格审查，政府组织要做大量的程序性工作。作为企业供应商必须要熟悉政府市场的流程，从而做到有的放矢，获取商机。

二、组织市场的特点

（一）购买主体特殊

组织市场的购买者与消费者市场的不同在于，它不简单代表个人，更多是代表各自的组织机构。其购买目的，或是为了生产加工产品，获取利润；或是为了从中转卖产品，获取一定的差价；或是为了执行政府、组织的公共职能，服务社会，造福人民。例如，生产者市场购买原料进行生产，中间商市场进行转卖获取差价，政府机构市场提供公共产品，服务大众。

（二）购买决策专业性较强

组织市场的各个组织都下设有专业的采购部门，有一批专门从事物资采购的专业技术人员，对于涉及重大的采购项目，还会成立由技术专家和相关部门负责人组成的专门采购委员会，负责整个采购工作。因此，组织市场的购买行为较为理性科学。例如，很多组织中会成立采购委员会，设立采购经理等职位以配合企业的运作。

（三）需求具有派生性

组织市场的需求是由消费者市场的需求派生出来的，如消费者对低脂肪食品需求的增加，会导致食品生产企业减少食品脂肪的含量，也会导致经销商增加采购低脂肪食品，如果这些需求减少，那么生产和经销这类消费品的市场需求也会随之跌落。

（四）需求具有连贯性

消费者需求只要有一点增加或减少，就会对食品企业的工厂和设备引发很大变动，经济学上将这种现象称为乘数效应。例如，当消费者对茶饮料的需求增加时，零售商为了满足消费者的需求，就会增加其对茶饮料的需求，从而批发商或经销商也增加对产品的需求，最后制造商也会受到影响而增加产品的需求。因此，消费者需求增加，会引发相当大幅度的连贯性需求增加；反之，消费者需求减少，也会引发较大幅度的组织连贯需求减少，所以组织购买者的需求表现为"牵一发而动全身"。

（五）需求缺乏弹性

组织市场的总需求一般不会因价格的影响而大起大落。它对原料的需求主要来自顾客对产品的需求。当顾客的需求没增加，即使原料价格下跌，组织市场的需求也不会大幅度出现。此外，组织市场本身的需求还受限于有效产能与产品的储存容量，因此原料价格下降还要看产能的消化能力与储存容量的状况，所以需求弹性较低。另外，如果原材料占最终产品的比例很小，则其价格升降对成本的影响也很有限，不会影响到产品的需求。例如，在酒类需求总量不变的情况下，粮食价格下降，酒厂未必会大量购买，除非粮食是酒成本中的主要部分且酒厂有大量的存放场所。粮食价格上涨，酒厂未必会减少购买，除非酒厂找到了其他代用品或发现了节约原料的方法。因此，这类需求总是缺乏弹性的。

（六）购买次数少，购买数量大

组织市场的购买一般都是成批的、集中性购买。相对于消费者市场，其购买交易的次数要少得多，但其购买的数量和金额却要大得多。例如，饼干厂可以一次性订购几货车糖、面粉等原料，消费者则可以多次购买几斤糖。

任务二　生产者市场及其购买行为

生产者市场有时也叫生产资料市场，由这类个体和组织构成，它们采购货物和接受劳务不是为了个人消费而是为了加工生产其他产品，以便出售或出租，从中营利。它通常由以下产业组成，包括农业、林业、水产业、制造业、建筑业、通信业、公用事业、银行业、金融业、保险业、服务业等。

一、生产者市场的概念与特点

生产者市场与消费者市场有许多不同的特点，生产者市场的购买目的是进行再生产并取得利润，消费者市场更多是直接用于消费。因此，生产者购买与消费者购买有很大的差别，其购买的特征主要体现在以下几个方面。

（一）需求波动大

生产者对于生产资料的需求比消费者对消费品的需求波动性更大。消费者需求的少量增加能导致生产者购买的大大增加，这种现象被称为"错位现象"。生产者购买变化很大，企业营销往往实行多元化经营，以减少风险，增强应变能力。如男性消费者对中山装需求量增加，服装制造商就会更大幅度增加中山装的产出量，这样的恶果会造成产品供过于求，竞争激烈，导致价格下降，从而恢复生产正常，这是市场调节的结果。

（二）需求缺乏弹性

在生产者市场上，购买者对产品的需求受价格变化的影响不大。在工艺、设备、产品结构相对稳定的情况下，市场资料的需求在短期内尤其缺乏弹性。例如，面包生产商既不会因原料价格上涨而减少对原料的需求量，也不会因为价格下降而增加需求量，这在短期内更是如此。

（三）购买者数量相对较少，购买规模较大

在生产者市场上，购买者主要是企业组织，购买者的数量比消费者市场少得多，但每个购买者每次的购买量都较大。在现代社会经济条件下，许多行业的生产集中在少数几家大公司，所需原材料、设备的采购也相对较为集中。买者虽有限，但购买数量则相当可观。如日常单个家庭消费的食用盐数量有限，而生产盐的企业则会采购大批所需原料、包装袋等。

（四）购买人员较为专业

生产者购买必须符合企业再生产的需要，对产品的包装、质量、规格、型号、性能等方面都有系统的计划和严格的要求，通常需由专业知识丰富、训练有素的专业采购人员负责采购。这就要求企业应向采购员提供技术资料和特殊的服务。例如，企业会对采购人员不断进行培训以提高其采购品质。

（五）购买者区域相对集中

购买者区域相对集中是由我国产业布局的区域结构特点决定的。由于历史和地域资源的原因，产业布局结构不尽相同。例如，我国河南是面食的集中地，山西的醋名闻天下，东部沿海渔业发达，这些布局形成了生产者购买较为集中的目标市场。

（六）需求受消费品市场的影响

企业对生产资料的需求，常常取决于消费品市场对它的需求，被称为"衍生需求"，就是指生产者的购买需求归根结底是从消费者对消费品的需求中衍生出来的。例如，有人要减肥，就有企业生产减肥茶；有人要保养，就出现保健品行业。

（七）租赁式购买

许多生产者是以租赁的方式取得设备。这种方式一般适用于价值较高的机器设备、交通工具等，租赁已成为近年来生产者获得生产资料，特别是生产设备的一种重要形式。租赁的形式主要有服务性租赁、金融租赁、综合租赁、杠杆租赁、供货者租赁、卖主租赁等形式。在建筑行业，这种情况更加明显。

（八）购买多为直接购买

购买者多数希望直接与供应者打交道。一方面，供应商能够保证按照购买者的要求提供产品，另一方面购买者又能与供应商关系密切，保证在交货期和技术规格上符合自己的需求。例如，直销的盛行就很能体现出上述优点。

二、生产者市场购买类型

（一）全新采购

全新采购是指企业为了增加新的生产项目或更新某些设备而首次采购某一产品或服务的

购买行为方式。

这种采购类型对企业营销来说是一种最大的挑战，同时也是最好的机会。全新采购的生产者对供应商尚无明确选择，是企业营销应大力争取的市场。新购买产品的成本越高、风险越大，决策参与者的数目就越多，需收集的信息也越多，完成决策所需时间就越长。这是3种购买类型中风险最高的购买类型，它需要的是对整个市场、企业内外环境的整体把控、预测，一旦处理不当会造成很严重的后果。

（二）直接重购

直接重购是指企业采购部门为了满足生产活动的需要，按通常惯例进行订货的购买行为。

企业采购部门根据过去和供应商打交道的经验，从供应商名单中甄选供货企业，并长期连续订购采购过的产品，这种购买行为特点就是惯例化的。企业要保证稳定的产品供货渠道，努力维护与供应商的良好关系，以保持产品质量。这是最简单的一种购买类型，比较适合规模成熟、生产线较为稳定的企业，最大的风险是缺少对市场的灵敏把握，当市场出现变动时，会出现滞后现象，严重影响企业的发展。

（三）修正重购

修正重购是指企业的采购人员为了更好地完成采购任务，适当改变采购产品的规格、价格和供应商的购买行为，属于部分修正重购。

这类购买情况较复杂，参与购买决策过程的人数较多。企业营销必须做好市场调研工作，努力开发新的产品类型，提高生产效率，降低成本，满足修正重购的需要，设法维持自己的市场。这是一种在原有基础上改进的购买类型，最大的风险在于如何确定改进的比例，如果比例不当，不仅不会提升生产，反而会造成生产混乱。

三、生产者市场的购买行为分析

生产者购买行为是指一切购买产品或服务，并将之用于生产其他产品或服务，以供销售、出租或供应给他人消费的一种决策过程。

（一）生产者购买角色

生产者购买要比消费者购买复杂得多，通常涉及以下成员：

1. 采购者

在企业中组织采购工作的专业人员。在较为复杂的采购工作中，采购者还包括那些参与谈判的工作人员。

2. 使用者

实际使用欲购买某种产品的人员。使用者往往首先提出购买某种产品，并提出购买产品的具体品种、规格和数量以影响其他人。

3. 决定者

企业中拥有购买决定权的人。在标准品的采购中采购员常常是决定者；而在较复杂的采购中，企业的领导者往往是决定者。

4. 信息控制者

在企业外部和内部能控制市场信息流到决定者和使用者那里的人员，如企业的采购代理商、技术人员和秘书等。

5. 影响者

企业内部和外部直接或间接影响购买决策的相关人员。他们通常协助决策者决定购买产品。企业技术人员是其中最主要的影响者之一。

企业营销必须了解生产者购买的具体参与者，尤其对于谁是主要的决策者，以便采取适当措施，影响有影响力的重要人物。

(二) 生产者购买决策过程

与消费资料的购买者一样，生产资料的购买者也有决策过程。供货企业的最高管理层和市场营销人员还要了解其顾客购买过程的各个阶段的情况，并采取适当措施，以适应顾客在各个阶段的需要，才能使之成为现实的买主。生产者购买过程阶段的多少，取决于其购买情况的复杂程度。直接重购、修正重购、新购的具体情况可以通过以下 8 个阶段来说明，如表 5-1 所示。

表 5-1　生产者购买决策过程

购买类型	全新采购	修正重购	直接重购
提出需求	是	可能	否
确定需求	是	可能	否
说明需求	是	是	是
寻求供应商	是	可能	否
征求建议	是	可能	否
选择供应商	是	可能	否
发出正式订单	是	可能	否
效果评估	是	是	是

1. 提出需求

提出需求是生产者购买决策过程的起点。需求的提出，既可以由内部的刺激，也可以由外部的刺激引起。内部的刺激，如企业决定生产新产品，需要新的设备和原材料；因存货水平开始下降，需要购进生产资料；因发现过去采购的原料质量不好，需更换供应者等。外部的刺激，如商品广告、营销人员的上门推销，使采购人员发现了质量更好、价格更低的产品，促使他们提出采购需求。因此，在这个阶段，营销人员应为加强销售，经常开展广告宣传，派人访问用户，增强外部刺激，发掘潜在需求。

2. 确定需求

生产者认识到某种需求之后，要进一步确定所需产品的品种数量等。简单的采购任务由采购人员直接决定。复杂的采购任务，由采购人员同企业内部的有关人员共同确定。

3. 说明需求

确认需求之后，就要对所需产品的规格型号等技术指标做详细的说明，这要由专业人员运用专业知识进行分析，即将产品及其配件的功能与各自的成本或费用相对比，得出它们的经济效益，确保购买产品的必要性。营销人员也要运用专业技术向顾客说明其产品的良好功能，从而影响消费者态度。

4. 寻求供应商

采购人员通过各种途径搜集有关供应商的信息，排除那些生产能力不足，供货信誉差的企业，而对那些认为合格的供应商则要通过进一步深入了解他们的产品及供货行为，最后确定信誉良好和合乎自身要求的供应商作为候选对象。供应商也应当努力推出强有力的广告和促销策略，以提高企业的知名度和美誉度。

5. 征求建议

对多个候选供应商，购买者应请他们提交建议书，对于技术含量高的商品还应要求他们写出详细的说明。因此，供应商的营销人员应根据市场情况，写出实事求是而又能别出心裁、能吸引人的产品说明，力求全面而形象地表达所推荐产品的优点和特性，力争在众多的竞争者中脱颖而出。

6. 选择供应商

在收到多家供应商的有关资料后，采购者将根据资料选择比较满意的供应商。在选择供应商时，不仅要考虑其技术能力，还要考虑其能否及时供货，能否提供必要的服务。其标准的主要依据有：交货快慢、产品质量、产品价格、企业信誉、产品品种、技术能力和生产设备、服务质量、付款结算方式、财务状况、地理位置等。根据上述条件遴选出数个供应商，企业在最后确定供应商之前，有时还要和供应商面谈，以争取更优惠的条件。不少企业最后确定的供应商，不限一个，其目的在于：一方面有多个供应商，以免受制于人；另一方面可以促使供应者之间展开竞争，促使他们改进服务质量。当然，企业在确定的几个供应商中，一般以一个为主，其他几个为辅。如购买者最后确定了三个供应商，便向为主的供应商购买所需产品总量的70%，向为辅的两个供应商分别购买所需产品总量的20%和10%。

7. 发出正式订单

这是购买决策过程中的实际购买阶段，一般是生产企业将订货单给选定的供应商，在订单上列举技术说明、需要数量、期望交货时间以及退货条款和保证条款等。目前，许多企业普遍采用长期合作，即生产企业与供应商建立长期供货关系。供应商通过一定方式的承诺，可根据生产企业的需要随时按照原定交换条件供货，这样他的产品有了固定的销路，减轻了竞争的压力，而生产企业则减少了多次购买签约的成本，也减轻了库存的压力，加速了资本周转。

8. 效果评估

产品购进后，采购者还会及时向使用者了解其对产品的评价，考察各个供应商的履约情况，并根据了解和考察的结果，决定今后是否继续采购某供应商的产品。考察有两个方面的内容：一方面对购买的工业品的质量进行验证，看是否符合明细表和设计图纸的要求；另一方面对所付出的购买金额等进行成本分析，以保证成本的有效控制，如遇资金问题，应察明原因，以决定继续购买还是改换供应单位。为此，供应商在产品销售出去以后，要加强追踪调查和售后服务，以赢得采购者的信任，保持长久的供求关系。同时，要认真对采购行为进行评估，汲取教训，精益求精。

任务三　中间商市场的购买行为分析

中间商市场是指那些购买商品和服务并将之转售或出租给他人，以获取利润为目的的组织需求。中间商采购商品的目的是将所购商品转卖给它的顾客，为此，中间商必须按照自己顾客的要求制订采购计划。在购买活动中，中间商要做的决策是：经营范围及花色品种的决定、卖主选择、交易价格与条件的选择。其中，商品搭配是最主要的决策，它决定中间商的市场地位。

一、中间商市场与生产者市场的联系与区别

中间商市场的购买行为与生产者市场的购买行为有联系，也有一定的区别。联系的方面主要有：中间商采购组织也有多人参与决策；其购买过程与生产者市场的购买过程基本相同；环境、组织等因素同样影响其购买行为。二者的区别体现在中间商市场购买行为的采购业务类型、采购决策及其参与者等方面。

二、中间商市场的组成

中间商市场包括各种批发商和零售商。批发商包括商人批发商和商品代理商。零售商包括商店零售商和非商店零售商。

（一）批发商

批发商是指以进一步转卖或加工生产为目的的整批买卖产品和劳务的个人或组织，它不将商品大量卖给最终消费者。批发商主要有以下类型。

1. 商人批发商

商人批发商是指自己进货，取得商品所有权后再批发售出的商业单位，它自己拥有商品所有权，赚取购销差价。商人批发商又称为独立批发商。商人批发商一般分为3种类型。

（1）一般商品批发商。这是指经营一般货色而且经营商品范围很广、种类繁多的商人批发商。一般商品批发商的销售对象主要是普通商店、药房、电器商店和小百货商店以及五金商店等。

（2）单一种类或整类商品批发商。这类批发商所经营的商品仅限于某一大类商品，但这一类商品的花色、品种、规格、厂牌齐全，同时还经营一些与该类商品密切关联的商品。在消费品市场上，这类批发商的顾客是食品杂货、药品、小五金等行业的独立零售商；在产业

用品市场上，这种批发商叫作"产业经销商"，其顾客包括大小产业用户。

（3）专业批发商。专业化程度高，专门经营某类商品中的某种商品的批发商。这类批发商的顾客主要是专业商店。产业用品的专业批发商一般专门从事需要有技术知识或服务的产业用品批发业务。

2. 商品代理商

商品代理商是指从事购买或销售或两者兼备的洽商工作，但不取得商品所有权的商业单位。商品代理商与商人批发商最大的区别是，商品代理商对于其经营的商品没有所有权，所提供的服务更有限，其职能为促成交易，并以此赚取佣金。

商品代理商的形式主要有以下3种。

（1）经纪人。不实际控制商品，受委托人委托进行购销谈判的代理商。他们联系面广，认识许多买主和卖主，了解哪些卖主要卖什么，哪些买主要买什么，牵线搭桥，促成交易。成交后，由卖主把货物直接运给买主，由委托人向经纪人支付一定的佣金。

（2）销售代理商。这是指在签订合同的基础上，为委托人销售某些特定商品或全部商品的代理商，对价格、条款及其交易条件可全权处理。这种代理商在纺织、木材、某些金属产品、某些食品、服装等行业中常见。在这些行业中，竞争非常激烈，产品销路对企业能否生存至关重要。

（3）制造商代理商。在签订合同的基础上，为制造商销售商品的代理商。通常在某一地区专卖，销售非竞争而又相关的商品，对商品售价及条件的决定权力有限，可能被指定销售其委托人总产品的特定部分。制造商通常用这种代理商推销机器设备、汽车产品、电子器材、家具等商品。这种代理商通常和几个制造商签订长期代理合同，在一定地区，按照这些制造商规定的销售价格或价格幅度及其他销售条件，替这些制造商代销全部或部分产品，制造商则按销售额的一定百分比付给佣金。

销售代理商与制造商的代理商一样，也和许多制造商签订长期代理合同；替这些制造商代销产品。但他们之间也有显著的区别：一方面来说，每一个制造商只能使用一个销售代理商，而且制造商将其全部销售工作委托给某一销售代理商、办理委托以后，不得再委托其他代理商代销产品，也不得再雇用推销员去推销产品，而每个制造商可以同时使用几个这样的代理商，此外，制造商还可以设置自己的推销机构；另一方面来说，销售代理商通常替委托人代销全部产品，而且不限定只能在一定地区内代销，同时，在规定销售价格和其他的销售条件方面有较大的权力，而制造商的代理商要按照委托人规定的销售价格或价格幅度及其他销售条件，在一定地区内，替委托人代销一部分或全部产品。

（二）零售商

零售商是指将商品直接销售给最终消费者的中间商，是相对于生产者和批发商而言的，处于商品流通的最终阶段。它是联系生产企业、批发商与消费者的桥梁，在分销渠道中具有举足轻重的作用。制造商、批发商和零售商都从事零售，但是大多数零售都是由零售商来完成的，一般分为以下两种。

1. 商店零售商

商店零售商即在固定的营业场所内开展零售经营的中间商，它是零售商的基本类型，包括便利商店、仓储商店、专业商店、百货商店、超级市场、折扣商店、购物中心、样本目录陈列商店等几种形式。

（1）便利商店。便利商店是一种以经营最基本的日常消费用品为主，规模相对较小，位于住宅区附近的综合商店。便利店营业时间较长，很多是全天24小时营业，便利店一般经营周转较快的方便产品，如日用百货、药品、应急商品、方便食品。由于便利店能随时满足消费者的即时需要，所以商品的价格相对较高。

（2）仓储商店。仓储商店的特点是店堂装饰简单、产品价格低廉、服务有限，商品既有家具等体积较大、比较笨重的用品，也有各种日常生活用品等。商店往往设在房租低廉的郊区，消费者从货架上选中商品，付清货款，就可取走货物。商品价格比一般商店便宜10%~20%。

（3）专业商店。专业商店是专门经营某一类或几类专业商品的商店，其产品线比较窄，但规格、式样、品种齐全。一般以经营的主要商品类别为店名招牌，如服装店、食品店、药店。这种商店的专业化程度可以非常高，而且将会随着细分市场的再细分和目标市场的再发展而更加完善和成熟。

（4）百货商店。百货商店的经营特色是经营的产品组合广而深。每一条产品线都作为一个独立部门实施专业管理，规模一般较大。百货商店大多设在城市繁华区和郊区购物中心，店内装饰富丽堂皇，橱窗陈列琳琅满目。经营的商品主要是优质、时尚的高档商品和名牌商品，其价格也高于一般的专业店和超级市场，经营的目标顾客是中产阶层及以上阶层。百货商店为顾客提供一系列服务，包括消费信贷、免费送货、售后维修等，有的还设有餐厅、儿童游乐场所、休息室等服务设施。

（5）超级市场。超级市场出现于1930年的美国纽约，被誉为商业上的"第二次革命"。超级市场的特点是规模庞大、薄利多销、一次结算，消费者购物量多而且可自我服务。这里售出的商品——注明分量、定价、包装整齐地陈列在货架上或悬挂起来，顾客可自选自取，然后统一计价付款。此外，超级市场还对购买量大的顾客实行折扣优惠，并开辟大型停车场，提供购物小推车。为了满足消费者需要和低成本竞争的要求，超级市场越来越向多品种发展，一般拥有商品两万种以上，多供应中低档商品，但包装精美、说明详细，以吸引顾客和代替售货员讲解。

（6）折扣商店。折扣商店是百货公司的一种，是第二次世界大战后在美国出现的一种有影响的零售商店，因其价格具有吸引力，深受消费者喜爱。商品以日常用品为主，同一商品有两种价格，一是牌价，二是折扣价，消费者按折扣价购买。这种商店经营全国性的产品，质量可靠，同时折扣形式也经常改变。

（7）购物中心。购物中心是以满足消费者的全部生活需求为目标而建立的，规模比超级市场更大，同时提供洗衣、餐饮、金融、娱乐等服务项目。投资规模较大，品类齐全，一般在大城市出现较多，并常以会员卡的形式吸引消费者，因此常被冠以"购物的天堂"的称号。

（8）样本目录陈列商店。这种形式的商店是将商品样本陈列在店堂内，大部分是价值大、毛利高、周转快的商品，如珠宝、首饰、摄影器材。同时印制成精美逼真的商品目录提供给消费者。目录中附有每种商品的价格、货号、折扣数，顾客可打电话订货，商店可送货上门，收取货款和运费，也可亲自去商店看样选购。

2. 非商店零售商

非商店零售商，即销售商品不在固定的场所内进行，能为消费者提供方便的零售商。近年来非商店零售发展得比较快，其主要有以下两种形式：

（1）直接销售。直接销售主要有挨门挨户推销、逐个办公室推销和举办家庭销售会推销等形式。由于需要支付雇用、训练、管理和激励销售人员的费用，因而直接销售的成本费用很高。目前，直接销售所存在的问题已经引起很多人对这种销售方式的反思。从发展来看，除某些特定种类商品及以某些特定顾客为对象的直接销售外，一般的直接销售很可能被网络销售所代替。

（2）自动售货。自动售货就是利用自动售货机进行商品销售。由于自动售货机向顾客提供全天候售货服务、要经常给相当分散的售货机补充存货、机器常遭破坏、失窃率高等原因，自动售货的成本很高，因此商品的销售价格比一般水平要高 15%~20%。但是，自动售货机被广泛安置在工厂、办公室、大型零售商店、加油站、街道等地方，方便了人们的购买。

三、中间商市场的购买决策内容

批发商和零售商可从下面 4 种组合策略中做出选择。

（一）独家搭配

只经销一家制造商的产品品种，以求得较好的供货条件。一般只是规模较小的少数企业采用这类策略。

（二）深度搭配

经销一个产品族，产品来自许多制造商，这给顾客在购买某种商品时提供较大的选择余地，从而增强对顾客的吸引力。这种策略在目前较具竞争力。

（三）广泛搭配

经营范围广泛，但商品品种尚未超出行业界限。这种策略使中间商具有一定的经营范围，也使顾客方便购得相关商品。

（四）混合搭配

经销众多的彼此不相关的产品品种系列。这种策略能减少中间商因外界环境变化所带来的经营风险，但要求企业有雄厚的经营实力。

四、中间商市场购买决策的参与者

中间商市场购买决策参与者的多少，取决于中间商的经营规模和采购项目的规模与重要程度。对小批发商和零售组织而言，采购往往由一个或几个兼做其他工作的雇员担任，或者由业主亲自从事商品选择和采购业务，但对于较大规模的中间商通常有一个像生产商那样的采购中心，采购工作由专职的采购部门执行。事实上，不同类型的中间商有不同的购买决策及决策参与者。以连锁超市为例，中间商市场参与购买决策的人员或机构主要有下述3种：

（一）专职采购员

专职采购员（或称商店经理）负责决定商品搭配，接待推出新品牌的企业的推销人员，并有权决定是否接受新品牌产品。多数公司的做法是，授权专职采购员对那些明显不能接受或明显可以接受的项目做出决定，而一些重要项目则需要提交采购委员会审议，并由采购委员会做出决定。在国内连锁店和独立的超级市场上，仓库里有三分之二的新商品是商品经理决策订购的，只有三分之一不是商品经理决策的。

（二）采购委员

采购委员会通常由公司总部的各部门经理和商品经理组成，主要负责审查商品经理提出的新产品采购建议，做出是否购买的决策。

（三）分店经理

分店经理是连锁超市下属各分店的负责人，通常负责分店一级的采购决策。美国连锁超级市场各个分店的货源有三分之二是由分店经理自行决定采购的。

五、中间商市场的购买决策类型

在采购业务中，中间商要根据不同的购买类型，作出相应的决策。

（一）新产品采购

中间商根据某种新产品销路的好坏决定是否进货以及如何进货。这是一种很简单的模式，因为通过调研来发现消费倾向并不是很困难的事，但这种类型的不足就在于往往陷入过度竞争当中，以致利润下降，成本提高。采用该类型的常用方法就是要迅速采购，快速销售，要抢在利润下降之前迅速撤出。例如，有些中间商在看到酒水市场过度饱和的情况下，迅速采购保健酒，很快占领市场空白点，获得了可观的利润。

（二）最佳供应商

某些情况下有可能经常要进行最佳供应商的重新选择。导致中间商做出此类购买决策的原因有：一是由于各种局限，中间商不能经营目前所有供应商的产品，只能从中选择一部分供应商的产品以供经营；二是中间商打算提供自有品牌商品，选择为自己制造品牌产品的最佳生产企业。例如，英国的马狮百货公司从严格选择的供应商那里购进商品，然后打上马狮的品牌印记，以"马狮"的品牌形象销售商品。

（三）寻求较好的供应条件

对于这类购买行为，中间商并不想更换供货商，只是试图从原有供应商那里获得更为有利条件的购买类型。当同类产品的供应商增多或其他供应商提出了更有吸引力的价格和供货条件时，中间商希望原有供货商改善供货条件，例如，更为合适的信贷条件、更为优惠的价格折扣。

复习思考题

1. 组织市场的概念和类型是什么？

2. 组织市场的特点有哪些？

3. 生产者市场的概念和特点是什么？

4. 中间商市场与生产者市场的联系和区别是什么？

5. 中间商市场的购买决策内容是什么？

思政小课堂

项目六 食品营销产品策略

任务一 食品营销产品组合

一、食品营销的产品整体概念

（一）产品整体概念

现代食品营销中产品的概念具有丰富的内涵和宽广的外延。产品整体概念是指食品企业向市场提供的、能够满足消费者某种需求或欲望的任何有形物品和无形服务，包括核心产品、形式产品、期望产品、附加产品和潜在产品5个层次，如图6-1所示。食品企业最应关注的是核心产品、形式产品和附加产品。

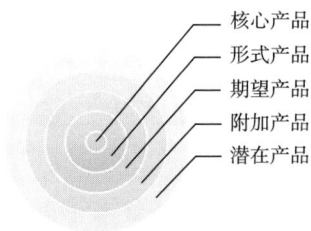

核心产品
形式产品
期望产品
附加产品
潜在产品

图6-1 产品整体概念的五个层次

1. 核心产品

产品整体概念中最基础的层次就是核心产品，是指产品向消费者所提供的基本效用和利益。

核心产品也是消费者真正要购买的利益和服务。消费者购买某种产品并不是为了获得产品本身，而是需要得到产品带给他的利益或好处。产品的核心利益构成了消费者的买点和企业的卖点。

因此，企业的产品应首先考虑能为消费者提供哪些利益。消费者对产品的效用的理解是主观的，不同的消费者对同一产品的效用理解是不同的。如经常饮酒的消费者购买茅台酒是为了品尝它的美味和享受一种饮酒安全感，而有的消费者则是为了享受它所带来的一种文化和精神财富。显然二者对产品的利益诉求点是有差异的。食品企业在开发产品、宣传产品时应明确地确定产品能提供的利益，产品才具有吸引力。

2. 形式产品

形式产品是核心利益借以实现的形式，即食品企业向消费者提供的产品实体和服务的外观，一般由特征、形态、质量、商标、包装等要素构成。而作为食品，其质量还应该包括内在的成分、营养、口味和卫生状况等。

因此，食品企业在设计产品时，应着眼于消费者所追求的核心利益，同时应考虑如何将这种核心利益以独特的形式呈现给消费者。

3. 期望产品

期望产品是指消费者在购买产品时所期望的一整套属性和条件。例如，对于快餐店的客人来说，期望的是美味、卫生、安全的食品和舒适的就餐环境。

4. 附加产品

附加产品是指消费者购买某种产品时所获得的附加服务和利益，从而把一个食品企业的产品与另一个食品企业的产品区别开来。例如，质量承诺、免费送货、上门服务等都属于附加产品。在现代市场经济中，特别在同类或同质产品中，附加产品有利于引导、启发、刺激消费者购买产品。

5. 潜在产品

潜在产品是指产品最终可能会实现的全部附加部分和将来转换的部分。附加产品是产品的现在，而潜在产品则表明现有产品可能的演变趋势。

（二）运用产品整体概念的食品营销策略

食品企业在对产品整体概念充分认识的基础上，应努力在 5 个层次上展开食品营销活动，尽可能地增加产品的价值，降低消费者购买时付出的成本，只有这样才能抵挡国内外同类产品的竞争。

1. 设计形式产品，体现产品核心利益

产品的核心部分需要通过有形部分体现出来，因此，产品应在口味、包装、品牌等有形部分体现产品的核心部分，并有效地传递产品的核心利益。

2. 准确把握期望产品，提升消费者满意度

产品的期望部分是消费者对产品的内在判断、要求和期望，是消费者购买时对产品核心利益、有形部分、延伸部分和潜在产品内在的期望。消费者是否满意主要取决于消费者感知价值和消费者期望之间的对比关系，消费者感知价值越接近于甚至超出消费者期望，消费者满意度越高；反之越低。因此，食品企业应在准确把握消费者期望产品的同时，通过有形部分提高消费者的感知价值，提高消费者满意度，在此基础上进一步培养消费者的忠诚度。

3. 开发核心产品，满足不同细分市场的利益

对消费者进行市场细分，根据不同细分市场消费者需求存在的差异，开发不同的产品，在成功定位的基础上有效地满足不同消费者对产品需求的利益。

4. 拓展延伸产品，增加消费者感知价值

食品企业可以通过增加产品的延伸部分，给消费者以惊喜，增加消费者的感知价值，提高消费者的满意度。这样，一方面，消费者会对该食品企业的产品形成依赖，形成消费者忠诚度；另一方面，消费者会对该产品进行口头的免费宣传，从而为食品企业的经营赢得主动权。

5. 把握核心产品，衍生有形产品价值

食品企业可以通过把握核心产品的层次，产品的款式、包装、特色等来突破原来的框架，由此开发出新的产品。

二、食品营销的产品组合

（一）食品营销产品组合的概念

1. 认知食品营销产品组合

食品营销产品组合是指某一个食品企业所生产或销售的全部产品大类、产品项目的组合。它反映了一个食品企业提供给市场的全部产品线和产品项目的构成，也是食品企业的生产经营范围和产品结构。

2. 食品营销产品线

食品营销产品线也称产品大类或产品系列，是指能够满足同类需要，在功能、使用和销售等方面具有相似性的一组产品。生产经营过程中，食品企业可依据多种标准来确定产品线，如功能相似性、用户相似性、生产相似性、销售渠道相似性等。例如，蒙牛有液态奶、奶粉、冰品等多条产品线。

3. 食品营销产品项目

食品营销产品项目是指产品大类或产品线中各种不同的品种、规格、花色的特定产品。食品企业产品目录上所列出的每一个产品都是一个产品项目。例如，蒙牛的液态奶产品线中有纯牛奶、调味奶、酸牛奶、调味酸牛奶等不同产品项目。

4. 食品产品组合的宽度、长度、深度、关联度

衡量一个企业的产品组合时需考察 4 个不同的因素，即宽度、长度、深度和关联度。

（1）宽度。产品组合的宽度是指一个食品企业的产品组合中所拥有的产品线的数目。产品线也称产品大类、产品系列，是指一组密切相关的产品项目。这里的密切相关可以是使用相同的生产技术，产品有类似的功能，同类的顾客群，或同属于一价格幅度。

（2）长度。产品组合的长度是指一个食品企业的产品组合中产品项目的总数，以产品项目总数除以产品线数即可得到产品线的平均长度。

（3）深度。产品组合的深度主要是指产品线中所包含的产品项目的数量。

（4）关联度。产品组合关联度是指各产品线的产品在最终用途、生产条件、销售渠道或其他方面相互联系的紧密程度。

分析产品组合的长度、宽度、深度和关联度，有助于食品企业更好地制定产品组合策略。一般情况下，拓展产品组合的宽度，有利于扩展食品企业的经营领域，实行多角度经营，可以更好地发挥食品企业潜在的技术、资源优势，提高经济效益，并可以分散食品企业的投资风险；扩大产品组合的长度，可以使产品线丰满充裕，使公司成为有更完全产品线的公司；加强产品组合的深度，可以占领同类产品的更多细分市场，满足更广泛的市场需求；提高产品组合的关联度，则可以使食品企业在某一特定的市场领域内提高竞争力和赢得良好的声誉。

（二）食品营销产品组合的策略

食品企业对产品组合深度、广度和关联度的决策，有许多可供选择的方式，每个企业可根据不同的经营环境，结合自身的客观实际来确定产品组合策略。

1. 产品专业型策略

这是指食品企业只从事某一产品线的营销，但尽可能地增加其线内的产品项目，加强其产品组合的深度，面向更多的市场。例如，香飘飘公司只从事奶茶这个产品线。

2. 有限的产品专业型策略

这是指食品企业根据自己的专长，集中经营少数的几条甚至一条产品线，即广度和深度较小、关联度大的产品组合。例如，河南淇花食用油有限公司，其产品都是食用油，但根据不同的市场需要，设立花生油、调和油、葵花籽油、大豆油、香油 5 条产品线，以满足不同细分市场消费者的需要。

3. 全线全面型策略

全线全面型是指向市场提供其需要的各种产品，即深度、广度和关联度可大可小的组合。采用这种策略的条件是食品企业有能力顾及整个市场的需要。整个市场的含义可以是广义的（指不同行业的产品市场的总和），也可以是狭义的（指某个行业的各个市场面的总和）。这样，全线全面型就可以分为广义的全线全面型和狭义的全线全面型两种形式。广义的全线全面型是指尽可能增加产品组合的广度和深度，不受关联度的约束，即广度和深度都很大，但关联度小的产品组合。狭义的全线全面型是指提供在一个行业内所必需的全部产品，也就是产品线之间具有密切的关联性，其广度和深度较大、密度也大的产品组合。

4. 市场专业型策略

这是食品企业把自己的营销力量集中于某一特定的市场，并向这一市场的消费者提供尽可能多的产品的策略。例如，以奶业为其产品市场的伊利公司，其产品组合由液态奶、冷饮、奶粉、奶酪等产品线所组成。

（三）食品营销产品组合的调整

1. 拓展产品组合

拓展产品组合可使食品企业充分利用资源优势，分散市场风险，增强竞争力。

（1）扩大产品组合的宽度，即增加一条和多条产品线，拓宽产品经营领域。若食品企业现有的产品线销售和利润下降时，应及时扩大产品组合宽度，增加产品线。

（2）加大产品组合的深度，即在原有产品线内增加新的产品项目。若食品企业需要进军更多的细分市场，满足更多有不同需求的消费者，可以选择加深产品组合的深度，增加新的产品项目。

2. 缩减产品组合

市场繁荣时期，较长、较宽的产品组合会为食品企业带来更多的赢利机会。但是在市场不景气或原料、能源供应紧张时期，缩减产品线反而能使总利润上升，因为剔除那些获利小甚至亏损的产品线或产品项目，食品企业可集中力量发展获利多的产品线和产品项目。

3. 产品线延伸

产品线延伸即食品企业根据市场的需求，重新对全部或部分产品进行市场定位，对产品线内的产品项目进行延伸。产品线延伸具体有向上延伸、向下延伸和双向延伸 3 种方式。

（1）向上延伸。向上延伸指在原有的产品线内增加高档产品项目。例如，我国方便面行业著名品牌华龙，1994 年创立之初时定位目标消费群为 8 亿名农民和 3 亿名工薪消费者，主推零售价定在一元以下的产品，如 108、甲一麦、小康家庭等。2003 年前后，华龙开始向高端市场进军，推出了价位相对较高的"今麦郎"系列产品。

运用向上延伸策略的条件：高档产品市场具有较高的销售增长率和毛利率；食品企业的技术设备和营销能力已具备进入高档产品市场的条件；为了追求高、中、低档完整的产品线；以较高级的产品项目来提高整条产品线的地位。

运用向上延伸策略应注意的问题：发展高档产品可能促使原来生产经营高档产品的企业采取向下延伸策略，从而增加了竞争压力；消费者可能对该企业生产经营高档产品的能力缺乏信任（要改变产品在顾客心目中的地位是相当困难的）；原有的营销人员和经销商可能没有推销高档产品的经验和技能。

（2）向下延伸。向下延伸指在高档产品线中增加低档产品项目。例如，我国著名白酒品牌五粮液，从 1994 年开始在原有高档产品的基础上向中、低档产品扩展，陆续推出了五粮春、五粮醇、铁哥们、京酒、火爆酒、东方龙等数十个品牌，产品线从单价四五百元的高档产品，覆盖到了一百元左右的中档产品和二三十元的低档产品。

运用向下延伸策略的条件：利用高档名牌产品的声誉，吸引购买力水平较低的顾客慕名购买此产品线中的低档廉价产品；高档产品的销售增长速度下降；企业最初进入高档产品市场的目的是建立品牌信誉，树立高级的企业形象，然后再进入中、低档产品市场，以扩大销售增长率和市场份额；补充企业的产品线空间，防止新的竞争者涉足。

运用向下延伸策略应注意的问题：推出较低档的产品可能会使原有高档产品的市场更加缩小；如果处理不慎，可能影响企业原有产品的市场形象及名牌产品的市场声誉；可能迫使竞争者转向高档产品的开发；经销商可能不愿意经营低档产品。采用向下延伸策略必须辅之以一套相应的营销策略，如对销售系统的重新设置等，这将大大增加企业的营销费用开支。

（3）双向延伸。原定位于中档产品市场的食品企业，掌握了市场优势后，向产品线的上、下两个方向延伸，一方面增加高档产品，另一方面增加低档产品，力争全方位地占领市场。随着产品项目的增加，市场风险会逐渐加大，经营难度增加。因此，采用双向延伸策略的企业应具有较高的经营管理水平，否则可能会导致失败。

4. 产品线号召策略

有的食品企业在产品线中选择一个或少数几个产品项目精心加以打造，使之成为颇具特色的号召性产品，以吸引消费者。有时，食品企业会用产品线上的低档产品进行特别号召，使之充当开拓销路的产品。

5. 产品线现代化策略

产品线现代化策略就是强调把科学技术应用到生产过程中去。因为在某种情况下，虽然产品组合的广度、长度都非常适合，但产品线的生产过程、技术及产品形式可能已经过时，这就必须对产品线实施现代化改造。产品线的现代化改造可采取两种方式：一是逐项更新，二是全面更新。逐项更新是在整条产品线全面更新前，测试消费者及中间商的反应，了解市场动向，同时可节省投资，但缺点是使市场竞争者洞悉本企业意图。全面更新则可避免逐项更新的缺点，出奇制胜，但所需投资较大。

（四）食品营销产品组合应注意的问题

食品企业在进行产品组合时，涉及以下 3 个层次的问题需要做出抉择：

（1）是否增加、修改或剔除产品项目。

（2）是否扩展、填充和删除产品线。

（3）哪些产品线需要增设、加强、简化或淘汰。

3 个层次问题的抉择应该遵循既有利于促进销售又有利于增加食品企业总利润的基本原则。产品组合的 4 个因素和促进销售、增加利润都有密切的关系。一般来说，拓宽、增加产品线有利于发挥食品企业的潜力、开拓新的市场；延长或加深产品线可以适合更多的特殊需求；加强产品线之间的一致性，可以增强食品企业的市场地位，发挥和提高食品企业在有关专业上的能力。

任务二　食品营销产品生命周期

一、食品营销的产品生命周期的概念

（一）食品营销的产品生命周期的内涵

产品生命周期是指产品从进入市场到被淘汰退出市场的全部运动过程，这也可以理解为市场上的产品产生、发展和衰亡过程的时间表现。典型的产品生命周期包括 4 个阶段，即导入期、成长期、成熟期和衰退期。食品企业通过产品生命周期的研究可以掌握自己所生产经营的产品处于生命周期的哪个阶段，以便及时进行产品的更新换代。

产品生命周期的内涵包括以下内容。

1. 产品生命周期与行业、种类、品类和具体牌号的产品生命周期

食品企业产品生命周期是指个别企业某种产品的生命周期。行业产品生命周期是指某产品在某个行业（或整个市场）范围内的生命周期，它反映了同一产品在许多企业进入市场时的综合趋势，而不是指该产品在某一特定企业的发展过程。因此，二者既密切相关，又在许多方面有所不同。

产品的经济生命周期泛指"产品"，而实际上在产品的种类、品类和具体牌号方面分析起来是大不相同的。首先是产品种类的生命周期各异，很多产品种类（如食盐、汽车、电冰箱）的产品成熟期可以无限地持续下去，其销售量增加与人口增长成正比关系。其次是产品的品类不同，糖果中的口香糖可称为品类，而"××牌口香糖"则是具体牌号的商品。三者相比较，自然"糖果"的生命周期最长，而"××牌口香糖"的周期最短。实际经营中，应用产品生命周期理论分析产品种类的情况是很少的，而更多的是分析产品品类或具体牌号的产品生命周期。

2. 产品的生命周期与产品的使用寿命

产品的使用寿命是指产品的耐用程度，是产品从开始使用到这种产品的使用价值完全丧失的时间间隔；而产品的生命周期是交换价值的消失过程，产品生命周期的起始点是产品正式投入市场或上市，终点是这种产品退出市场或被市场淘汰。

3. 不同的产品，其生命周期的持续时间也长短不一

产品的生命周期本身就是一个相对的概念，不同的产品，其市场竞争状况、技术进步速度、用户需要与变化、产品制造与费用也都不同，从而也形成其生命周期的千差万别。就生命周期的每一阶段来说，各产品的延续时间也同样存在着很大的差异。

（二）产品生命周期的其他形态

产品生命周期是一种理论抽象。现实经济生活中，并不是所有产品的生命历程都完全符合这种理论形态。

1. 成长–衰退–成熟型

产品首次引入市场时前景迅速上升，然后就稳定在某一水平线上。这一水平之所以能维持，是因为后期采用者的首次购买和早期使用者的产品更换。

2. 循环–再循环型

产品销售进入衰退期以后，由于市场需求变化或食品企业投入更多的促销费用，使其进入第2个周期，但规模和持续期都低于第1个周期。

3. 扇形

产品销售进入成熟期以后，由于发现新的产品特征、用途，或制定并实施正确的营销策略，使产品销售量不断达到新的高潮。

4. 风格、流行和时潮的生命周期

风格是人们努力在一个领域里所创造一种基本的和独特的方式。风格会持续相当长的时间，时而风行，时而衰落。流行是在既定的领域里，当前被接受或流行的一种风格。时潮是一种迅速进入公众眼睛的流行，被狂热地采用，很快达到高峰，然后迅速衰退，如掉渣饼的流行与衰退。

二、食品营销的产品生命周期各阶段的食品营销策略

（一）导入期

导入期，又称引入期、试销期，指新产品刚刚投入市场的最初销售阶段。

1. 导入期的特点

（1）产品设计尚未定型，生产批量小，单位产品生产成本高。

（2）消费者对产品不熟悉，销售量小，销售增长缓慢。

（3）销售网络还没有全面有效地建立起来，销售渠道不畅。

（4）由于销售量小，成本高，企业利润较少，甚至亏损。

（5）市场竞争者比较少。

2. 导入期的食品营销策略

在产品的导入期，食品营销策略的指导思想是把销售力量直接投向最有可能的购买者，即新产品的创新者和早期采用者，让这两类具有领袖作用的消费者加快新产品的扩散速度。食品营销的目的是缩短导入期，食品企业应该尽可能快地进入和占领市场，尽可能在短时间内实现由导入期向成长期的转轨。食品营销的目标是建立产品的知名度。食品营销的重点是要突出一个"准"字，即市场定位和食品营销组合应该正确无误，符合食品企业和市场的客观实际，重点介绍产品特点，刺激消费需求。

在广告宣传方面，应以产品的性能和特点介绍为主，以激发消费者的购买欲望；在产品销售方面，可选用有较高信誉的中间商代销或者采用试用、上门推销、节日推销等方式，以提高品牌知晓率；在产品定价方面，可采取高价策略先声夺人，或采取低价渗透策略，以提高市场占有率；在产品生产方面，应进一步优化设计，以提高产品质量，改善产品性能和降低生产成本；在目标市场的选择上，可采取无差异性的食品营销策略，以降低市场营销成本和吸引潜在消费者。

将价格的高低与促销费用的高低结合起来考虑，可以采取以下策略：

（1）快速掠取策略。

① 含义。

运用快速掠取策略即采用高价和高促销方式推出新产品。实行高价是为了在每个单位产品销售额中获取最大的利润，以快速收回开发投资。实行高促销方式，则是先声夺人地尽快扩大产品影响和产品市场占有率。其操作方法是：制定较高的价格，促销上投入大量的资金进行广告的"狂轰滥炸"；在商场大量做堆头促销，以求消费者尽快了解并接受新产品。

② 市场条件。

运用快速掠取策略应具备的市场条件：大部分潜在消费者不了解新产品，市场对产品确实有较大的需求潜力，需要开展大规模的广告促销宣传；目标消费群求新心切，急于购买新产品，而该产品的价格需求弹性不大，有制定较高价格的可能；该产品潜在的竞争威胁大，科技含量不高，竞争对手很容易模仿，为了尽早树立品牌，稳定销售，需尽快建立消费者对新产品的偏好，树立名牌。这种策略的适用范围：产品确有特点，有吸引力，但知名度不高；市场潜力很大，并且目标消费群体有较高的支付能力；面对潜在竞争者的威胁，急需建立品牌形象。

（2）缓慢掠取策略。

① 含义。

运用缓慢掠取策略即以高价格和低促销方式推出新产品。这样做可以获得更多毛利并降低营销费用，可望从市场上获取最大利润。其操作方法是给产品制定较高的价格，但只花费少量的资金做适当的广告宣传。

② 市场条件。

运用缓慢掠取策略应具备的市场条件：产品的市场规模较小，大部分潜在的消费者已经通过其他各种信息管道了解到新产品的数据，没必要做大规模的广告宣传；该产品潜在的竞争威胁不大或者竞争并不激烈；大多数的用户已知晓这种产品，对该产品没有过多疑虑，且市场容量相对有限；该产品的需求弹性不大，适当的高价格能为市场所接受。

（3）运用快速渗透策略。

① 含义。

运用快速渗透策略即以低价格和高促销水平的方式推出新产品。这是一种风险很大，但可以迅速占领市场、获得较高市场占有率的策略。这里所说的"渗透"是指利用低价格渗透购买者的心理。这一策略可以给食品企业带来最快的市场渗透率和最高的市场占有率。采用这一策略产品在投入市场之初，利润很低甚至亏本，当完成市场覆盖、获得较大的市场份额之后，才是收获利润的时期。其操作方法是给产品制定较低的价格，但宣传广告照样大笔投入，迅速提高产品知名度，提高销售额，大面积占领市场，着眼于利润的长期获得。

② 市场条件。

运用快速渗透策略应具备的市场条件：潜在消费者对产品不了解，且对价格十分敏感，但该产品的价格需求弹性较大，因此既要大规模地宣传，又要谨慎地制定价格；市场容量相当大，市场竞争将十分激烈，应当做大规模的推销活动，以便吸引更多潜在的消费者购买；产品的单位制造成本可随生产规模和销售量的扩大迅速下降，这为制定低价格提供了条件。

（4）缓慢渗透策略。

① 含义。

运用缓慢渗透策略即食品企业以低价格和低促销水平推出新产品。低价格使市场迅速接受产品，同时低促销费用可实现较多的净利润。其操作方法是：采用低价格，只花费少量的资金进行推销活动，着眼于长期的、最大限度的市场占有率，从低价中获取最大利润。

② 市场条件。

运用缓慢渗透策略应具备的市场条件：市场容量很大，在短时间内不易被消费者接受或短期内市场不会饱和，须着眼于长期策略的实施。如果市场容量在短期内饱和，采用缓慢渗透策略便得不到预期的效果。购买者对新产品已基本了解，所促销产品通常只是改进型产品之类，所以不必进行大规模的促销。该产品的价格需求弹性较大，高价格容易引起销售量急剧减少。

（二）成长期

成长期是指产品在市场上迅速为消费者所接受，销售量和利润迅速增长的时期。

1. 成长期的特点

（1）销售额迅速增长。

（2）生产成本大幅度下降，产品设计和工艺定型，可以大批量生产。

（3）利润迅速增长。

（4）由于同类产品，仿制品和代用品开始出现，使市场竞争日趋激烈。

2. 成长期的食品营销策略

在产品的成长期，食品营销的目的是提升成长期；食品营销的目标是提高市场占有率；食品营销的重点是突出一个"好"字，即保持产品质量优良，把使用过该产品的消费者变成回头客，同时让他们成为口碑宣传者，吸引更多的消费者。

企业为维持其市场增长率，延长获取最大利润的时间，可以针对成长期的特点，采取以下操作方法：在产品销售方面，应不断开辟新市场，寻找新用户，以扩大产品市场份额；在广告宣传方面，从产品知觉广告转向产品偏好广告，以树立产品的市场形象，强化消费者对品牌的信任程度，使其建立不断购买的信心；在产品定价方面，采取降价策略，以吸引价格敏感的购买者；在产品生产方面，努力改进产品质量，增加新的款式和规格，以满足潜在消费者的不同需求；在目标市场的选择方面，宜采用差异性和密集型的市场营销策略，以满足不同细分市场的需求，巩固产品的市场地位。

（三）成熟期

成熟期是指产品在成长期后的一段时间内，市场需求趋向饱和，销售量进入从缓慢增长到缓慢下降的时期。

1. 成熟期的阶段划分和特点

（1）成长成熟期。这一阶段的特点是各销售渠道基本呈饱和状态，增长率缓慢上升，还有少数后续的购买者继续进入市场。

（2）稳定成熟期。这一阶段的特点是产品销售稳定，增长率一般只与购买者人数成比例，如无新购买者则增长率停滞或下降。

（3）衰退成熟期。这一阶段的特点是销售水平显著下降，全行业产品过剩，竞争加剧，市场份额变动不大，突破比较困难。

2. 成熟期

在产品的成熟期，市场营销的目的是延长成熟期。市场营销的目标是保持市场占有率，争取利润的最大化。市场营销的重点是"争"和"改"："争"是争取稳定的市场份额，延长产品市场寿命；"改"是对原有的产品市场和市场营销组合进行改进，市场营销策略以改良性为特征。产品进入该时期，销售额和利润出现最高点。由于生产能力过剩，市场竞争加剧，销售增长速度缓慢甚至出现下降趋势，食品企业应尽量延长产品生命周期，使已处于停滞状态的销售增长率和利润率重新得以回升。具体可以采用以下策略。

（1）改进市场策略，即开发新的目标市场，寻求新的消费者。

① 争取更多消费者使用。转化未使用者，使从未使用过的潜在消费者接受其品牌；进入新的细分市场，说服那些使用该产品但未使用该品牌的潜在消费者；争取竞争对手的消费者，设法吸引他们改换门庭。

② 促进现有消费者购买或使用。提高使用率，增加每次用量。例如，食品企业在产品包装上印有该食品的多种烹制方法，使消费者了解这种产品的所有用法，增加食用量。

（2）改进产品策略。

① 改进质量，即完善产品使用性能，如安全性、可靠性、方便性和口味等。

② 改进特性，即在产品大小、重量、材料或附加物等方面增加新特性，以扩大产品的适用性。这一策略投资相对要少，但是易被竞争者模仿。

③ 改进款式，即增加美感，提高竞争力，优点是能赋予品牌某种个性，提高消费者忠诚度。

④ 改进服务，实施服务规范化承诺。

（3）改进食品营销组合策略。

改进食品营销组合是提高销售额的重要途径，它是指通过改进一个或几个因素，维持或扩大销量。其主要途径有：在价格上，采用降价或价格优惠策略来吸引新消费者；在分销上，从经销商那里争取更多陈列空间，进入新的渠道，向更多网点渗透等；在广告上，考虑是否增加广告，是否更换广告商，是否改变广告媒体，是否改变广告时间等；在人员促销上，考虑是否增加推销人员或提高其素质，是否调整销售区域或分工，是否修订业绩奖励办法等；在公关促销上，考虑如何给品牌的坚定忠诚者以鼓舞，稳定动摇者，吸引改变品牌偏好的顾客；在营业推广上，考虑用哪些方式抵消竞争者的吸引力。

（四）衰退期

衰退期是指产品销量急剧下降，产品开始逐渐被市场淘汰的时期。

1. 衰退期的特点

（1）产品销售量迅速下降，消费者的兴趣已转移到新产品上面。

（2）新产品进入市场，竞争突出表现为价格竞争，且价格已下降到最低水平。

（3）多数食品企业无利可图，被迫退出市场。

2. 衰退期的食品营销策略

在产品衰退期，食品营销的目的是采取各种市场营销手段让衰退期尽可能晚到来或重新走向成长期，榨取衰退期剩余产品的最后一点利润，让它"发挥余热"；或采取快速撤离市场的模式，转移精力开发新的产品，采用新的模式。市场营销的目标是降价、放弃、更新换代。市场营销的重点是"收"和"转"。"收"是收掉一些已经不盈利的市场，保留部分还可以盈利的市场，取消广告促销费用，榨取产品最后的利润，为停产做准备，并在适当时机停止生产，退出市场。"转"是积极开发新产品，取代老产品，使企业在市场上所占的份额不因为老产品的退出而减少。因为当竞争者纷纷撤离市场时，市场处于一种真空状态，如果企业能够处变不惊，认真开拓市场，发掘新服务，终点又将成为起点。

因此，食品企业应有计划地逐步缩短及撤出生产线，处理存货，考虑设备工具的再利用，可以采用以下策略：

（1）维持策略。维持策略是指继续沿用过去的策略，仍按照原来的细分市场，使用相同的分销渠道、定价及促销方式，直到这种产品完全退出市场为止。

（2）集中策略。集中策略是指把食品企业能力和资源集中在最有利的细分市场和分销渠道上，从中获取利润。这样有利于缩短产品退出市场的时间，同时能为企业创造更多的利润。

（3）放弃策略。放弃策略是指对于衰退比较迅速的产品，应该当机立断，放弃经营。企业可以采取完全放弃的形式，如把产品完全转移出去或立即停止生产；也可采取逐步放弃的方式，使其所占用的资源逐步转向其他的产品。

运用衰退期食品营销策略时，食品企业应防止两类错误：一是匆促"收兵"，出现新旧产品脱节现象；二是难于"割爱"，坐失良机。因此，企业经营者应该有预见地转，有计划地撤，有目的地攻，有选择地降低投资水平，放弃无前景的消费群，改变投资热点，及时榨取品牌价值，从容退出产品市场。值得注意的是，通过"大甩卖"以加速产品退出市场不是唯一的策略。

三、划分食品营销产品生命周期各阶段的方法

（一）影响食品营销的产品生命周期的因素

1. 科学技术水平对产品生命周期的影响

科学技术进步越快，产品生命周期越短；科学技术进步越慢，产品生命周期越长。随着科学技术的不断发展，产品更新换代的速度越来越快，产品的生命周期将变得越来越短。

2. 需求对产品生命周期的影响

食品企业开展市场营销活动的思维视角，不是从产品开始，而是从需求出发。任何产品都只是作为满足特定需求或解决问题的特定方式而存在的。影响产品生命周期的需求因素一般又与产品的性质、用途、价格和质量等有关。从产品的性质来说，基本生活资料产品的生命周期较长，非基本生活资料产品的生命周期较短。从产品的用途来说，实用性强、能够满足人民生活某种长期需求的产品，其生命周期较长；而实用性弱，只能满足人们生活一时需求的产品，其生命周期较短。价廉物美的新产品和优质品牌产品的生命周期相对较长；反之，质次价高的产品，其生命周期相对较短。

3. 政府的政策和干预对产品生命周期的影响

为了维护社会公众的利益，政府可能采取行政和经济的措施，禁止或限制有碍环境卫生、破坏生态环境和影响人们生活的生产和消费，从而缩短了这类产品的生命周期；相反，对有些产品，国家从宏观出发，鼓励其生产和消费，从而延长了这类产品的生命周期。

（二）运用食品营销划分产品生命周期的方法

1. 运用销售增长率判定法划分产品生命周期

这是一种根据销售增长率进行判断的方法，运用中要结合被判定产品的其他特征和因素进行分析。

先计算销售增长率，其计算公式为：

销售增长率 =（本年度的销售量－上年度的销售量）／上年度的销售量×100

然后根据销售增长的大小来判断属于哪个阶段。其标准为：

小于10%且不稳定，为投入期；大于10%，为成长期；小于10%，为成熟期；小于0，为衰退期。

2. 运用产品普及率判定法划分产品生命周期

这是一种利用产品普及率指标来分析生命周期不同阶段的方法。此方法主要适用于高档

耐用消费品。对于不同的产品，可分别按下列两个指标来计算普及率：

人口平均普及率=某种产品的社会拥有量/人口总数×100%

家庭平均普及率=某种产品的社会拥有量/家庭户数×100%

一般认为，当普及率为 0~5% 时，为投入期；5%~50% 时，为成长期前期；50%~80% 时，为成长期后期；80%~90% 时，为成熟期；大于 90% 时，为衰退期。需要注意的是，普及率越高，需求量越低。

3. 运用同类产品类比判定法划分产品生命周期

这是用一种产品生命周期的变化规律类比分析另一种同类产品生命周期的方法。食品企业可用相关的产品进行对比，因为这两种产品同属于一类，而且人们对这类产品的消费心理很相似，所以可以进行类比分析。营销判定人员一定要熟悉所涉及的产品，所选择的类比产品要与被判定的产品有相似的背景，以增加两个产品之间的可比性。

4. 运用特征判定法划分产品生命周期

这是根据人们已经掌握的产品上市后，在不同阶段中所表现的一般特征，同食品企业某一产品的当前状况进行对比，并得出结论的一种判定方法，这种方法易于掌握。需要注意的是，此方法对营销判定人员的判断能力与经验有较高的要求。

四、食品营销产品生命周期应注意的问题

食品企业通过产品生命周期的分析，运用产品生命周期各阶段划分的方法，确定自己经营的产品处于生命周期的哪一个阶段，便于制定对应的营销策略，以实现产品生命周期不同阶段的营销目的。

产品生命周期理论说明，不会有一种产品经久不衰、永远获利。食品企业必须经常对自己生产、经营的各类产品的市场状况进行分析，淘汰老产品，开发新产品，使产品组合处于最优状态。持续地开发新产品，使食品企业在某些产品面临衰退之前，另一些新产品已进入快速成长期；当某些产品处在成熟期时，一些产品已开始向市场推出，这样不至于因老产品的淘汰而引起利润下降，就能使食品企业的总利润始终保持上升的势头。

所以，食品企业必须要大力开发新产品，使食品企业不同产品分别处于产品生命周期的不同阶段，这样食品企业才能处于良性经营中，才能使食品企业具有生命力，才能延长企业的寿命。

任务三　食品营销新产品开发策略

一、食品营销新产品的内含

对新产品进行定义，可以从企业、市场和技术三个角度入手。对食品企业而言，第一次生产销售的产品都叫作新产品；对市场来讲则不然，只有第一次出现的产品才叫作新产品；

从技术方面看，在产品的原理、结构、功能和形式上发生了改变的产品叫作新产品。食品营销的新产品包括了前面三者的成分，但更注重消费者的感受与认同，它是从产品整体性概念的角度来定义的。凡是产品整体性概念中任何一部分的创新、改革和改进，能够给消费者带来某种新的感受、满足和利益的相对新的或绝对新的产品，都叫作新产品。新产品可分为以下 4 类。

（一）全新产品

全新产品指应用新原理、新技术、新材料制造出的，前所未有的，能满足消费者某种新需求的产品。这种产品无论对食品企业还是市场来讲都属于新产品，例如，王老吉凉茶第一次出现时属于全新产品。

（二）改进产品

改进产品指在原有产品的基础上进行改进，使产品在结构、品质、功能、款式、花色及包装上具有新的特点和新的突破。改进后的新产品，其结构更加合理，功能更加齐全，品质更加优质，能更多地满足消费者不断变化的需求。食品企业根据市场的变化和产品的不同生命周期阶段不断推出各种不同的改进型新产品，是增强食品企业竞争能力、延长产品生命周期、提高经济效益的好办法。

（三）仿制产品

仿制产品指食品企业对国内外市场上已有的产品进行模仿生产，形成本企业的新产品。开发这种产品不需要太多的资金和尖端的技术，因此比研制全新产品要容易得多。

（四）换代产品

换代产品指在原有产品的基础上，采用或部分采用新技术、新材料、新工艺研制出来的新产品。例如，苹果由果酱又制作成苹果醋等。开发换代型新产品的难度要比创造全新产品的难度小很多，食品企业也能较快地获得收益。

除此之外，食品企业将现行产品投向新的市场，对产品进行市场再定位，或通过降低成本，生产出同样性能的产品，则对市场或企业而言，也可以称为新产品，食品企业开发新产品一般是推出上述产品的某种组合，而不是进行单一的产品变形。

二、食品营销新产品开发的策略

（一）食品营销新产品的开发方式

1. 获取现成的新产品

食品企业采取获取现成新产品的策略包括科学技术协作开发、联合经营、技术引进、购买专利、经营特许、外包生产等方式。

2. 食品企业自主开发新产品

食品企业自主开发新产品的策略包括独立研制开发、协约开发等方式。

（二）食品营销新产品开发的趋势

21 世纪我国食品消费趋于方便化、工程化和功能化。因此，方便化、工程化和功能化是食品营销新产品开发的趋势。方便化就是优化食品工业产业结构，产品结构和提高居民食品的消费水平；工程化就是根据营养科学平衡原则，应用现代技术，控制原料和生产，产出低成本优质品；功能化就是根据不同人群，开发不同功能食品。在开发这类食品时，应强调多品种、高质量、高档次、重环保，并与国际高科技技术结合，注重品牌塑造和名牌塑造。

三、食品营销新产品开发的操作程序

产品开发是一个从寻求新产品构思开始，一直到把某个构思转变为商业上取得成功的新产品为止的全过程，包括产生创意、甄选创意、形成产品概念、初拟营销规划、商业分析、新产品研制、市场试验和新产品批量上市 8 个步骤。

（一）产生创意

新产品开发过程是从产生创意开始的。创意就是开发新产品的设想。新产品创意主要来源于消费者、科学家、竞争对手、企业推销人员和经销商、企业高层管理人员、市场研究公司和广告代理商等。此外，企业还可以从大学、咨询公司、行业协会、大众传媒、网络寻求有用的新产品创意。产生新产品创意的主要方法有产品属性排列法、强行关系法、多角分析法、头脑风暴法和征集意见法等。

（二）甄选创意

甄选创意就是指在多种创意中进行鉴别、明确和选择的过程。甄选创意是指取得足够的创意之后，对这些创意加以评估，研究其可行性，并挑选出可行性较强的创意。甄别创意的目的就是"去粗取精"，淘汰那些不可行或可行性较低的创意，使食品企业有限的资源集中于成功机会较大的创意上。

甄选创意时，一般要考虑两个因素：一是该创意是否与食品企业的策略目标相适应，表现为利润目标、销售目标、销售增长目标、形象目标等几个方面；二是食品企业有无足够的能力开发这种创意，这些能力表现为资金能力、技术能力、人力资源、销售能力等。

（三）形成产品概念

经过甄别后保留下来的产品创意还要进一步发展成为产品概念。

首先应当明确产品创意和产品概念之间的区别。产品创意是食品企业从自己的角度考虑的能向市场提供的可能产品的构想。产品概念是指食品企业从消费者的角度对这种创意所做的详尽描述。食品企业必须根据消费者的要求把产品创意发展为产品概念。

（四）初拟营销规划

新产品构思确定之后，需要拟定一个把这种产品引入市场的初步市场营销规划，并在未来的发展过程中不断完善。初拟的营销规划包括 3 个部分：

（1）描述目标市场的规模、结构、行为；新产品在目标市场上的定位；前几年的销售额、市场占有率、利润目标等。

（2）简述新产品的计划价格、分销策略及第一年的市场营销预算。

（3）阐述长期（一般 3~5 年）计划销售额和目标利润，以及不同时间的营销组合等。

（五）商业分析

对新产品的构思进行商业分析，其主要目的在于确定所提出的新产品的长期经济效益。

商业分析的焦点主要集中在利润上，但其他因素也不能忽视，如对社会、对市场所承担的责任等。这种分析大致分为需求分析、成本分析、赢利分析3个部分，可采用多种具体方法进行分析。其中最常使用的一种方法就是"产品会审法"，即在对新产品构思进行分析时，把本公司的市场销售人员、生产人员、工程技术人员召集到一起，共同对拟将推出的产品提意见。

公司对产品的这种"会审"，大致要弄清下列主要问题：新产品有什么特点，是否比市场上现有的同类产品好；新产品的目标市场在哪里，其潜在购买力如何；企业的资金和设备如何，是否适应新产品的发展；新产品发展上市成功的可能性有多大；新产品的竞争能力如何；新产品的预期利润如何；新产品发展及生产上有没有其他问题。

（六）新产品研制

如果产品概念通过了商业分析，研究与开发部门及工程技术部门就可以把这种产品概念转变成为产品，进入试制阶段。这一阶段，以文字、图表及模型等描述的产品设计才能变为实体产品。这一阶段应当搞清楚的问题是产品概念能否变为在技术上和商业上可行的产品。在研制阶段产生产品原型后，还必须对其进行一系列严格的功能测试和消费者测试。

（七）市场试验

如果食品企业的高层管理者对某种新产品开发试验结果感到满意，就着手制定该产品的品牌、包装和市场营销方案，把产品推上真正的消费者舞台进行试验。其目的在于了解消费者和经销商对于经营、使用和再购买这种新产品的实际情况及市场大小，然后再酌情采取适当对策。市场试验的规模取决于两个方面：一是投资费用和风险大小；二是市场试验费用和时间。投资费用和风险越高的新产品，试验的规模应越大一些；反之，投资费用和风险较低的新产品，试验规模就可以小一些。

（八）新产品批量上市

这一阶段，食品企业管理者应做以下决策：何时推出新产品，何地推出新产品，向谁推出新产品，如何推出新产品。只有这几方面的问题得到解决，食品企业才能真正实现新产品批量上市的目的。

四、食品营销新产品市场扩散管理

（一）食品营销新产品扩散过程

新产品扩散是指新产品上市后，随着时间的推移，不断地为越来越多的消费者所采用的过程，此过程受个人性格、文化背景、受教育程度和社会地位等因素的影响，不同的消费者对新产品接受的快慢程度不同。根据这种差异，可以把创新产品采用者划分为5种类型，即创新采用者、早期采用者、早期大众、晚期大众和落后采用者。

1. 创新采用者

创新采用者也称为"消费先驱"。创新采用者富有个性，受过高等教育，勇于革新冒险，性格非常活跃，关于如何消费很少听取他人意见，经济宽裕，社会地位较高，广告等促销手段对他们有很大的影响力。这类消费者是食品企业投放新产品时的极好目标。

向市场推出新产品时，食品企业市场营销人员应把促销手段和传播工具集中于创新采用者身上。如果他们的采用效果较好，就会大力宣传，影响到后面的使用者。不过，找出创新采用者并非易事，因为很多创新采用者在某些方面倾向于创新，而在其他方面可能是落后于采用者。

2. 早期采用者

这类采用者大多是社会上的意见领袖，或某个群体中具有很高威信的人，受到周围朋友的拥护和爱戴。因此，他们常常去收集有关新产品的各种信息资料，成为某些领域的舆论领袖。这类消费者对广告及其他渠道传播的新产品信息很少有成见，促销媒体对他们有较大的影响力，但与创新采用者比较，他们一般持较为谨慎的态度。这类消费者是企业推广新产品极好的目标，多在产品的导入期和成长期采用新产品，并对后面的采用者影响较大。所以，他们对创新扩散有着决定性的影响。

3. 早期大众

这类采用者的采用时间较平均采用时间要早，这部分消费者一般思想比较开放，受过一定教育，有较好的工作环境和固定的收入；对社会中有影响力的人物，特别是对自己所崇拜的"舆论领袖"的消费行为具有较强的模仿心理；他们不甘落后于潮流，但由于他们特定的经济地位有限，在购买高档产品时，一般持非常谨慎的态度。他们经常是在征询了早期采用者的意见之后才采纳新产品。早期大众和晚期大众构成了产品的大部分市场，因此研究他们的心理状态和消费习惯，对提高产品的市场份额具有很大的意义。

4. 晚期大众

这类采用者的采用时间较平均采用时间稍晚，这部分消费者的基本特征是多疑。他们的信息多来自周围的同事或朋友，很少借助宣传媒体收集所需要的信息，受教育程度和收入状况相对较差。所以，他们从不主动采用或接受新产品，直到多数人都采用且反映良好时才行动。显然，对这类采用者进行市场扩散是极为困难的。

5. 落后采用者

这类采用者是采用创新的落伍者，这部分消费者思想保守，拘泥于传统的消费行为模式。他们与其他的落后采用者关系密切，极少借助宣传媒体，其社会地位和收入水平最低。因此，他们在产品进入成熟期后乃至进入衰退期时才会采用。

（二）食品营销新产品扩散过程管理

食品营销新产品扩散过程管理是指食品企业通过采取措施让新产品扩散过程符合既定市场营销目标的一系列活动。食品企业之所以能对扩散过程进行管理，是因为扩散过程除受到外部不可控制因素（竞争者行为、消费者行为、经济形势等）的影响外，还要受企业市场营销活动（产品质量、人员推销、广告水平、价格策略等）的制约。

食品营销新产品扩散管理的主要市场营销目标有：导入期，消费者迅速认可；成长期，销售额快速增长；成熟期，维持较长时期的销量和利润最大化。

任务四　食品营销品牌策略与包装策略

一、食品品牌

（一）食品营销品牌的内涵

品牌是一种名称、术语、标记、符号或设计，或者是它们的组合运用，其目的是借以辨认某位销售者或某群销售者的产品和服务，并使之同竞争者的产品和服务区别开来。

食品营销品牌是一个集合概念，它包含食品企业品牌名称、品牌标志、商标等概念，品牌名称是指品牌中可以用语言来称呼和表达的部分，如蒙牛、伊利、双汇、卫龙、加多宝等。品牌标志是指品牌中可被识别而不能用语言表达的特定标志，包括专门设计的符号、图案、色彩、文字等。商标是指经过注册登记，受法律保护的品牌或品牌中的某一部分。经注册登记的商标一般有"R"标记或"注册商标"的字样。商标的实质是品牌，但它是受到法律保护的产权标志，是经商标局核准注册而取得的特殊权利，具有独占性，不容他人或企业侵犯，商标是生产者或经营者的标志，区别于其他商品，是企业声誉和评价的象征。品牌只有根据商标法的规定进行登记注册后，才能成为商标，受到法律的保护。可以这样说，商标都是品牌，但品牌不一定是商标。

商标与品牌的联系与区别如下：

1. 商标与品牌的联系

商标与品牌都是用以识别不同生产经营者的不同种类、不同品质产品的商业名称及其标志的。商标的实质是品牌，两者都是产品的标记。

2. 商标与品牌的区别

品牌是市场概念，实质上是品牌使用者对消费者在产品特征、服务和利益等方面的承诺。并非所有的品牌都是商标，品牌与商标可以相同也可以不同；商标是法律概念，它是已获得专用权并受法律保护的品牌或品牌的一部分。商标必须办理注册登记，品牌则无须办理；商标是受法律保护的品牌，具有专门的使用权。

（二）食品品牌资产

食品品牌资产也称食品品牌权益，是指只有品牌才能产生的市场效益，或者说产品在有品牌时与无品牌时的市场效益之差。品牌是名字与象征相联系的资产（或负债）的集合，它能够使通过产品或服务所提供给顾客（用户）的价值增大（或减少）。

品牌资产包括5个方面，即品牌忠诚度、品牌认知度、品牌感知质量、品牌联想、其他专有资产（如商标、专利、渠道关系等），这些资产通过多种方式向消费者和企业提供价值。

二、食品营销品牌策略

（一）食品营销品牌定位策略

品牌定位就是勾画食品企业品牌产品在目标消费者心目中的形象，使食品企业所提供的产品具有一定的特色，适应一定消费者的需求，并与竞争者的产品有所区别。食品品牌定位策略包括：

1. 食品特色定位策略

依据品牌形象个性化需求，品牌定位应重点放在食品特殊功能、附加功能上。

2. 质量定位策略

通过广告说明产品的良好质量，塑造品牌优质形象。

3. 序列定位策略

表明品牌在同类商品中的实力，食品企业常用"同行业名列第一""国内首创"等广告宣传语，序列定位一定要实事求是，第一当然好，第二也无妨。

4. 抗衡型定位策略

人脑对产品信息的记忆是有限的，在此情形下，如将自己的产品与名牌产品联系起来，采取抗衡型定位则能讨巧，使本品牌处于创新的领先地位，同时又能借助老产品的声誉扩大影响。

5. 以使用者形象定位策略

消费者按性别、年龄、职业、收入等标准可划分为不同的群体，按消费者个性又可分为坚强与懦弱、外向与内向、独立与依赖、竞争型与非竞争型、显耀型与沉默型等，企业应努力建立品牌个性，吸引相应个性的消费者，反之也可以用消费者形象进一步强化品牌个性。

（二）食品营销品牌化策略

食品营销品牌化策略即食品企业是否要给产品建立一个品牌。食品品牌化策略包括两种：

1. 无品牌化策略

一般认为，不使用品牌的情况包括：大多数未经加工的原料产品，如大豆等；不会因生产商不同而形成不同特色的商品；某些生产比较简单、选择性不大的小商品；消费者习惯上不辨认商标的产品，如白糖等；临时性或一次性生产的商品；作为下游企业的原材料或零配件。

食品企业选择无品牌化策略的目的是节省品牌设计、广告和包装费用，以降低成本和售价，提高竞争力，扩大销售。

2. 使用品牌策略

当今的消费者越来越信任品牌，因为他们坚信品牌蕴含了对于产品一切有利的信息，更赋予了自己独特的品位。品牌已经成为当今社会的关注点和品质的代名词。品牌化的趋势迅猛异常，品牌化几乎统治了所有产品，甚至一些传统上不用品牌的商品也出现了品牌化的倾向，许多生产中间产品的制造商也进入了最终品牌产品行列。

（三）食品营销品牌防御策略

食品营销品牌防御是食品企业为防止他人的侵权行为及避免企业的声誉、利润受损所采取的策略，可采用以下策略：

1. 及时注册商标策略

品牌经注册成功后可得到法律保护，有效地防止竞争者抢注、仿制、使用、销售本企业的商标。出口商品应在目标国家及时注册商标。注册商标在有效期满后应及时申请续展注册。

2. 在非同类商品中注册同一商标

从战略发展角度上看，在非同类商品中注册同一商标，可以为企业将来做大做强奠定基础，避免做大做强后的品牌为他人盗用。例如，娃哈哈集团将娃哈哈品牌一次性注册到服装、鞋帽、玩具、自行车等多个类别。

3. 在同一商品中注册多个商标

在同一商品中注册多个商标可以更有效地保护自己的核心品牌。例如，"娃哈哈"商标注册时，同时还注册了"娃哈娃""哈娃哈"等多个商标，从而堵住了可能被仿冒的漏洞。

4. 使用防伪标识策略

采用防伪标识策略是维护企业和消费者双方利益的很重要的手段和方法。例如，在日化产品中使用防伪纸条，或使用防伪标签、防伪油墨、防伪包装、防伪条码等，都可以有效地保护商标的专用权。

5. 品牌并存策略

我国食品企业在与外国企业合资时，可以采用品牌并存的方法来防止自己的品牌被"雪藏"的风险，即在合资企业的不同产品上分别使用我国和外国的品牌，或在同一产品上共同使用本国与外国的品牌。

（四）食品营销品牌归属策略

食品营销品牌化决策之后，还要决定品牌归谁所有，由谁管理和负责。

1. 运用制造商品牌策略

这是制造商使用自己的品牌的策略，也称生产者品牌策略。那些享有盛誉的制造商还可以将其著名品牌租借给别人使用，收取一定比例的特许使用费。

2. 中间商品牌策略

这是中间商将产品大量地购买，贴上自己的品牌再将货物转卖出去的策略。中间商使用自己的品牌可以带来很多好处，可以更好地控制价格，得到较高的利润，并可以在某种程度上控制供应商。越来越多的中间商，特别是大批发商、大零售商都使用自己的品牌。

3. 混合品牌策略

混合品牌策略也称双重品牌策略，即部分产品用制造商品牌，部分产品用中间商或其他厂商的品牌的策略。

运用品牌归属策略应注意的问题是，食品企业究竟是使用生产商品牌还是中间商品牌，必须全面地权衡利弊，以做出合理的决策。在制造商具有良好的市场声誉，拥有较大市场份额的条件下，大多使用制造商品牌。相反，在制造商资金实力薄弱，或者在市场上的商誉远远不及中间商的情况下，则适宜采用中间商品牌。尤其是新进入市场的中小型企业，无力用自己的品牌将产品推向市场，而中间商在这一市场领域中却拥有良好的品牌信誉和完善的销售体系，这种情况下利用中间商品牌往往是有利的。这也是国际贸易中常见的做法。

(五) 食品营销品牌关联策略

这是食品企业内部品牌之间关联程度的决策，包括以下品牌关联策略。

1. 同一品牌策略

同一品牌策略也称统一品牌策略，是指食品企业对所生产的多种产品使用同一品牌，其实质是品牌延伸策略，即企业把自己成功的品牌延伸使用到其他产品上去。例如，康师傅方便面在市场上获得成功后，厂家把这一商标延伸使用到乌龙茶、八宝粥、饼干、果汁、纯净水、香米饼等产品上。

运用统一商标策略或品牌延伸策略首先应注意的问题是，如果食品企业的某一种产品出了问题（如质量问题），其他产品也会受到牵连，因此必须对所有产品的质量严格控制。其次，多种产品使用同一个商标，容易使消费者在产品的特点、档次、功效等方面发生混淆。

2. 个别品牌策略

个别品牌策略是指食品企业对不同产品分别使用不同的品牌名称。这种品牌策略的好处有两个：一是起"隔离"作用，用品牌把不同产品的特性、档次、目标顾客的差异隔离开来，不必把高档、优质产品的品牌引进较低质量的产品线；二是起"保险"作用，没有将食品企业的声誉系在某一产品品牌的成败之上，食品企业不会因某一品牌信誉下降而承担较大的风险，如可口可乐公司生产的饮料产品就采用了"可口可乐""雪碧""芬达""天与地""醒目""酷儿"等品牌，公司在全球近 200 个国家拥有 400 个非酒精饮料的品牌原因非常简单：不同的人，在不同的时间、地点，因为不同的原因希望饮用不同的饮料。

3. 同一品牌和个别品牌并列策略

一个拥有多条产品线或者具有多种类型产品的食品企业可考虑采用此策略，一般是在每一种个别品牌前冠以公司的商号名称。如可口可乐在漯河建厂生产，取名漯河太古可口可乐，立即被消费者接受。

(六) 食品营销品牌变更策略

许多相关因素的变化要求食品企业做出变更品牌的决策，包括以下策略：

1. 更换品牌策略

更换品牌策略指食品企业完全废弃原有的牌名、商标，更换为新的牌名、商标，当品牌已不能反映企业现有的发展状况，或由于产品出口的需要等，可以进行更新，目的是使品牌适应新的观念、新的时代、新的需求和新的环境，同时也可给人以创新的感受。

2. 推展品牌策略

推展品牌策略是指食品企业采用原有的品牌，但逐渐对原有的商标进行革新，使新旧商标之间造型接近、一脉相承、见新知旧。

三、塑造食品品牌策略的标准

食品品牌发展的结果是食品企业形成名牌。名牌也是品牌，但它是著名的品牌，是品牌中的优秀部分、精华部分，是在品牌竞争中取得优胜的佼佼者。名牌的本质属性有两个：一个是它的技术属性，如设计精湛、质量超群、包装考究、功能独到、使用方便等，它能最大限度地满足人们生产生活上的物质需求；另一个是它的社会属性，表明以下 5 种社会关系：食品企业与消费者之间高度的信任关系；制造商与经销商之间互利互惠的关系；食品企业同对手之间的竞争关系；食品企业扩张过程中与银行之间的信誉关系；生产、市场营销和传播过程中食品企业对社会的奉献关系。

根据《中国名牌产品管理办法》的规定，中国名牌应具备的条件是：

（1）符合国家有关法律法规和产业政策的规定。

（2）实物质量在同类产品中处于国内领先地位，并达到国际先进水平；市场占有率、出口创汇率、品牌知名度居国内同类产品前列。

（3）年销售额、实现利税、工业成本费用利润率、总资产贡献率居行业前列。

（4）企业具有先进可靠的生产技术条件和技术装备，技术创新、产品开发能力居行业前列。

（5）产品采用国际标准或国外先进标准组织生产。

（6）企业具有完善的计量检测体系和计量保证能力。

（7）质量管理体系健全并有效运行，未出现重大质量责任事故。

（8）企业具有完善的售后服务体系，顾客满意程度高。

四、食品营销包装策略

（一）食品包装的概念

食品包装是食品企业为了在流通过程中保护产品、方便储运和促进销售，而按照一定的技术方法使用容器、材料以及辅助物等，将物品包封并予以适当的装饰和标志工作的总和。简言之，包装就是包装物和包装操作的总和。包装是商品实体的重要组成部分，如果把商标比作产品的"脸面"，那么包装可谓是产品的"外衣"，它是作为产品的"第一印象"进入消费者眼帘的。

（二）食品包装的分类

1. 按包装材料的种类分类

食品包装可分为纸包装、塑料包装、金属包装、玻璃包装、陶瓷包装和复合材料包装等。

2. 按包装的作用分类

食品包装可分为内包装和外包装两类，也可详细分为个装、内包装、中包装和外包装。

3. 按食品的物理形态分类

食品包装可分为粉状食品包装、颗粒状食品包装、块状食品包装、流体食品包装等。

101

4. 按包装方法分类

食品包装可分为充填法、裹包法、灌装法、封口法等。

5. 按包装在流通过程中的作用分类

食品包装可分为储运包装和销售包装。

6. 按技法分类

食品包装可分为防潮包装、防水包装、防霉包装、保鲜包装、速冻包装、透气包装、微波杀菌包装、无菌包装、充气包装、真空包装、脱氧包装、泡罩包装、贴体包装、拉伸包装、蒸煮袋包装等。

7. 按食品的种类分类

食品包装可分为面类焙烤食品包装、糖果食品包装、肉类和水产品包装、乳制品包装、酒类包装等。

（三）食品营销包装策略

1. 组合包装策略

组合包装策略指把使用时相互关联的多种商品纳入一个包装容器中同时出售，这种策略不仅有利于充分利用包装容器的空间，而且有利于同时满足同一消费者的多种需要，扩大销售。这种包装特别有利于新产品的推销，但实践中须防止不顾市场需求的具体特点、消费者的购买力水平和产品本身关联程度大小任意组合搭配的错误做法，以免消费者产生抵触情绪。

2. 复用包装策略

复用包装策略指在原包装的产品使用完后，其包装物还可以作其他用途。例如，果酱、咖啡、酱菜采用的杯形包装瓶，可用来作为茶杯；糖果、饼干的包装盒还可以作为文具盒、针线盒等。这样可以利用消费者一物多用的心理，使他们得到额外的使用价值；同时，包装物在使用过程中也可起到广告宣传的作用，诱发消费者购买或重复购买。

3. 附赠品包装策略

附赠品包装策略指在商品包装物内附赠给购买者一定的物品或奖券。例如，购买某品牌牛奶附赠一个相同品牌的杯子等。

4. 类似包装策略

类似包装，也称产品线包装，指食品企业所生产的各种不同产品，在包装上采用共同或相似的图案、形状或其他共同的特征，使消费者容易发现是同一家企业的产品。类似包装具有和采用统一品牌策略一样的好处，可以节省包装设计的成本，有利于提高和壮大企业的整体声誉，特别是新产品进入市场时，采用此策略可使新产品容易进入市场。类似包装策略只适用于相同或相近质量水平的不同产品，一旦质量水平相差悬殊，则不仅会提高低档产品的销售成本，而且会对高档产品的形象造成不利的影响。

5. 等级包装策略

等级包装策略指按照产品的价值、品质分成若干等级，并采用不同的包装，使包装与产品的价值相称。显然，这种策略的实施成本较高。它适用于产品相关性不大，产品档次、品质比较悬殊的食品企业。它可以适应不同的购买力水平或不同消费者的购买心理，从而扩大产品销售，如在茶叶的销售中，一级茶叶用听装，三级茶叶用盒装，五级茶叶用袋装，碎茶散装。

6. 附带标识语包装策略

它是一种宣传策略，标识语有提示语，如写上"新鲜"等字眼，还有解释性的标语，如雪健面粉"无漂白"，金龙鱼食用油"非转基因"，蔬菜、水果、粮食上标明"绿色食品""无化肥、无农药残留"等。

7. 更换包装策略

更换包装策略指对原商品包装进行改进或更换，重新投入市场以吸引消费者，或者在原商品声誉不是太好，销售量下降时，通过更换包装，重塑形象，保持市场占有率。采取该策略，可以重塑产品在消费者心中的形象，减少一些不良影响。但名牌产品包装的改进要慎重，以免给消费者造成假冒名牌、质量下降等印象，从而失去品牌忠诚者。

任务五　运用新产品开发策略

一、新产品的概念

新产品指产品整体概念中任何一部分的创新、变革或改变的产品。从市场的角度看：新产品是市场上第一次出现的产品。从企业的角度看：新产品是企业中第一次生产的产品。

二、新产品的种类

（一）新发明的产品（全新产品）

新发明的产品是指企业采用新原理、新结构、新技术、新材料制成的前所未有的产品，即依靠科学技术的进步，为满足一种新需求而发明的产品。例如，打字机、电话、飞机等。这类新产品的使用往往会改变用户或消费者的生产方式或生活方式。这类新产品第一次进入市场时，使用者都有一个接受和普及的过程。

（二）换代新产品（部分新产品）

换代新产品指在原有产品的基础上，部分采用新技术新材料制成，并在产品性能等方面有显著提高的产品，也就是利用科学技术的成就，对现有产品进行较大的革新。例如，缝纫机革新为电动缝纫机，黑白电视机革新为彩色电视机。这类新产品进入市场以后，使用者往往也有一个接受和普及的过程，但这个过程短一些，容易一些。

（三）改进新产品（改良现有产品）

这种新产品不是由于科学技术的进步导致产品的重大革新，而是指对现有产品的品质、特点、结构、款式或包装做一定的改变的产品。例如，两面针牙膏、人参酒、带过滤嘴香烟、不同型号的自行车、新款式的服装等。这类新产品与原有产品的差别不大，进入市场后，比较容易被使用者接受，但竞争者也易于模仿，因此竞争比较激烈。

（四）本企业新产品（新牌子产品、仿制新产品）

本企业新产品指对现有产品只做很小的改变，突出产品某一方面特点，就可以使其成为新产品，或者对市场上已有的某种畅销产品进行仿制，只是标出新牌子的产品。例如，市场上出现的新牌子的香烟、啤酒、化妆品、电风扇、洗衣机、电冰箱等。这类新产品进入市场后，只要具有某一特色，便很容易被使用者接受和普及，但这类新产品的竞争更加激烈。

三、开发新产品的意义

发展新产品是制定最佳产品策略的重要途径之一。创新产品是市场观点的核心思想，即满足顾客不断变化的需求的体现。

（一）现代企业重视产品创新的原因

包括以下 5 个方面：

（1）创新产品可以减少企业风险。

（2）创新产品可有效地利用副产品。

（3）我国现有企业的出路在于创新。

（4）顾客的满足是相对的。

（5）市场只要有未被满足的需求，企业就存在创新新产品获得盈利的机会。

（二）开发新产品对企业的意义

（1）开发新产品是科学进步的要求。

（2）开发新产品是企业增加市场竞争力的重要手段。

（3）开发新产品是企业生存发展的需要。

（4）开发新产品是满足不断变化的消费需求的保证。

四、新产品推广

（一）选择新产品推广的时机

总的来说，企业进行新产品推广的时机主要有两个：

1. 从产品生命周期出发

从产品的周期来说，企业应在产品的增长期开始储备新品，增长期的后期导入新产品。这样，产品进入成熟期后就不会有太大压力，更加容易延长企业生命周期。

2. 从淡旺季出发

很多产品都有淡旺季。对于新品来说，其切入市场的时机应在淡季。

新品在淡季切入市场的好处有两个：

（1）消费者对铺货和拉动有一个接受的过程，过程结束正好进入旺季，产品就能快速地进入增长期。

（2）淡季的竞争不会太激烈，而到了旺季，很多厂家都会抢终端、做促销、导购、跟进、广告轰炸，竞争非常激烈，如果在此时导入新品会面临很多问题。

（二）减少推广的风险

推广期，经销商的进货量和销售速度之间容易存在矛盾。如果不能将进货快速下分，就可能进入三四个月的滞销阶段，导致产品推广失败。很多产品推广失败，并不是因为产品不好，而是因为推广方法有问题。

要减少经销商的风险，就要尽快消化经销商的库存。如果有分销商，就去做分销商的推广；如果没有分销商，就开订货会；如果既无法开订货会也没有分销商，就应该组织大量铺货，铺到终端，让有购买欲望的消费者能快速买到产品。

（三）选择推广方式

很多企业不只生产一个产品，在推出第二个产品时，往往会沿着第一个产品的推广方式去推广，这一推广方式主要包括两种：一是伴随推广；二是寄生性推广。而事实上，如果一个产品寄生于另外一个产品，那么它的推广成功率会非常低。

五、确定新产品的定价及渠道选择

（一）零售业态的变化

中国的零售业态越来越多。随着市场的发展，零售业态的变化会导致渠道的多样化。以前饮料的销售主力是食杂店，后来逐渐依次出现了便利店、超市、卖场，接着出现了仓储式的会员中心。

仓储式的会员中心与卖场、超市的销售方法不一样。超市销售产品往往是单瓶单件地卖，而仓储式的会员中心出售的是连包的商品，比如饮料可能是 3 瓶或者 5 瓶一个连包。随着人们需求的变化，百货商场应运而生，随后又出现了专卖店、专业店，如 4S 店、李宁店、国美、苏宁等。购物中心作为一种更新的业态，发展非常快。一般说，购物中心的面积在 10 万平方米以上，里面有购物专卖店、电影院、溜冰场、餐饮等，提供一站式的购物。折扣店是一种另类的终端模式。奥特莱斯是最典型的折扣店，而 1 元店、10 元店是规模更小的折扣店，是折扣店在发展过程中演变出来的。

厂家的直销中心也是一种零售业态。直销方式虽然通路最短，但运营成本高、效率低，因此不建议对消费品做直销。前两年邮购比较流行，随着电商的发展，邮购这种零售业态已经在萎缩。"闪购"是比网店更方便的一种购物方式，发展速度很快。所谓闪购，就是在流动中购物，比如在地铁站看到某个商品的广告，只要用智能手机扫描商品条码就可完成购物，比较符合现在的社会发展潮流。

自动售货亭已经在很多大城市普及，其最大的优点是不用售货员，省下了人工的费用。

团购，按照传统不应该列为零售的一种方式。但如果是政府采购、集团消费，那么针对大型企业来说，也是一种终端。

（二）终端的定价

零售业态不管怎样变，都是终端。终端的多样化决定了价格的多样化。要合理制定价格，就要对终端进行渠道结构的分类。

厂家通过经销商到二批商再到终端，是三级结构。经销商直接做餐饮、做卖场等，是二级结构。厂家直接开专营店是一级结构。

通路的结构层次不一样，给经销商、二批商、零售终端的供货价格就必须不一样。一般来说，给超市、卖场的供货价格不能比二批商的价格低；给网店、旗舰店的供货价格不能比经销商的价格低；给零售终端的供货价格可在区域范围里调控，但不能超过上一级的价格。

（三）渠道的选择

渠道的选择是指企业根据企业的战略目标，选择适合企业需求和目标的渠道模式。确定中间商的数目，即决定营销渠道的宽窄，主要取决于产品本身的特点、市场容量的大小和需求面的宽窄。有 3 种策略可供选用：一是密集性分销，即制造商通过尽可能多的批发商、零售商推销其产品。二是选择性分销，即制造商从所有愿意经销其产品的中间商中精心挑选几个最合适的中间商推销其产品。三是独家分销，即在某一地区仅选择一家最合适的中间商专门推销其产品。影响营销渠道类型选择的因素包括：产品的特点、企业特点、用户特点、中间商特点、市场表现、竞争对手情况和外部环境影响等，渠道选择必须坚持目标差异化原则、利益性原则和弹性原则。

六、做好推广前的动员与预热

众所周知，时装企业推广春季新品前都要开春季时装发布会，发布会的时间通常不是在春天而是在冬天，这其实就是为引导春天消费潮流，提前做一个预热。

服装企业预热是非常重要的，生产、定款、经销商的订货会都需要提前一个季节去做。很多企业会在这时候对春天款式做出预测，甚至生产和排产款式都会在这上面压榜，如果没有预热就会很混乱，也就形不成潮流。

推广其他新品同样需要预热。如果产品的铺货率为 100%，而消费者并不知道此产品，那么，产品的推广还是注定要失败。因此，新产品推广成功与否与预热有很大的关系。需注意的是，在所有的预热活动中，除了广告，地面的预热活动也非常重要。

概括来说，预热活动的内容应包括以下 3 点：

（1）将产品的形象、品牌、功能等信息传达给消费者。

（2）卖点的宣传一定要交代。

（3）给出产品的定价。消费者对于新品的价格没有概念，因此给产品一个合理的定价很关键。

七、做好渠道衔接与把控

（一）选择销售渠道

销售渠道是指商品从生产者传送到用户手中所经过的全过程，以及相应设置的市场销售机构。正确运用销售渠道，可以使企业迅速、及时地将产品转移到消费者手中，达到扩大商品销售，加速资金周转，降低流动费用的目的。任何一个企业要把自己的产品顺利地销售出，就需要正确地选择产品的销售渠道。

很多企业在销售过程中过度依赖商超渠道或专卖店渠道，将销售渠道扁平化为直销渠道。

事实上，直销渠道存在着很多的问题，建立客户直销，平台管理的难度会非常大，大到很多企业无法承受，使销售效率下降。因此，做消费品的销售，应适合采用传统渠道。

（二）建立分销结构

在推广的初期，一个经销商要投多少个分销商，怎样建立稳定的分销商结构，都是需要考虑的问题。在建立分销结构的过程中，可以用订货会的方式吸引批发商，然后进行铺货。

铺货很重要。如果没有一定的铺货率，产品就很难到达消费者手中。铺货率对快速消费品行业尤为重要。快速消费品替代性非常强，如果没有一定的铺货率，很多销售机会就会丧失。

（三）把握渠道促销原则

现在一些企业在做拉动消费者时进入了误区。有一些促销方法是很好，但不可反复使用，没有百试不爽的促销办法，调整促销策略至关重要。

所谓渠道促销原则，是在做渠道促销时让渠道发力，用最小的代价换回最大的市场份额。在渠道促销过程中，促销的比例应非常低，只有用最小的代价换来最大的渠道扩容，才能够改变市场占有率。

值得注意的是，促销会造成价格的衰减，如果销量没有增长，还会影响产品的生命周期。因此，在促销过程中，一定要用最小的代价换出渠道空间。

（四）设定订货会目标

订货会必须设定目标，明确使用力度和目标销量。如果没有达到目标，那么一定要找出原因。如果每次开订货会都没有效果，而且价格一直走低，那么推广就可能会面临危机。

八、进行产品铺市

（一）铺货率对销量的影响

产品在上市初期，销量会随着铺市率的上升而上升。因此，在产品推广过程中，达到很高的铺市率，才能对产品的销售起到很好的拉动作用。

（二）高铺货率的技巧

要让产品在推广期达到高铺货率，需要技巧。

有些经销商不想将销售的蛋糕切给别人，因此不建分销商，铺市后发现，有些店卖得快，有些店卖得慢。作为新产品，很多终端不可能补给太多，而且运输成本很高，经销商不会为补一箱货从地级市去县里跑一圈，这导致那些卖得动甚至卖得好的地方经常断货。

如果将分销商建到县里，就可以避免这些问题。因此，经销商发动二批商铺市，效率是最高的。

（三）网店的物流方式

网络营销通路最短，但物流制约着网店的发展。

一般来说，一箱价值为二十块元的饮料，通过网店投送到一个地方，运费在10元左右。可见，物流费用是网店发展的最大制约因素。现在，所有网店多数采用第三方物流的物流方式。为了减少物流成本，很多企业在各地建立仓储，但问题并没有得到根本的解决。

（四）加权铺货率

加权铺货率是指在计算期内曾经销售该类产品的金额占全部商店销售同类产品金额的百分比，这个指标说明各不同的商店的重要程度。

加权铺货率在美国企业应用得非常多，特别是在宝洁公司。宝洁公司在中国市场有一个规定：在抽查市场时，如果某一区域的某一样产品的加权铺货率小于 50%，那么就判定这个区域没有做透，就会选择在这个区域里增加一个经销商或更换一个经销商。

九、启动消费者拉动，做好新产品促销

消费者拉动也就是俗话说的促销。根据相关机构调查，很少有促销活动能够打动消费者。老顾客对产品比较关注，但一个促销活动大概也只能影响到 10% ~ 20% 的老客户。消费者对促销活动感到麻木，原因在于促销活动单一化和同质化。

消费者拉动分为很多种，如广告、促销等。广告和促销会让很多消费者产生购买的冲动，但如果消费者买不到货，企业就会损失很多的销售机会。

企业在推销产品时，往往突出卖点，忽视买点。卖点是产品的特性。买点是消费者购买产品的理由，促销员的一个微笑、一句问候都是消费者的买点。事实上，现在的促销不应该围绕卖点，而应该围绕消费者的购买理由去做。只有将消费者的兴趣充分调动起来，让消费者购买产品，产品才能推广成功。

复习思考题

1. 什么是产品生命周期？
2. 如何运用包装策略？
3. 如何做好渠道衔接与把控？
4. 请简述如何进行产品铺市。

思政小课堂

项目七　食品营销促销策略

任务一　食品营销促销组合决策

一、食品营销促销组合

（一）促销的概念

促销是促进产品销售的简称，是指食品企业通过人员和非人员的方式，将其产品及相关的、有说服力的信息告知食品消费者，引发、刺激食品消费者的欲望和兴趣，以影响目标消费群的购买决策行为。促销促进了食品企业产品销售的市场营销活动。

（二）促销组合的方式

促销组合又称市场营销传播组合，包括人员促销和非人员促销两大类。人员促销又称人员推销，是食品企业采用推销人员向食品消费者推销商品或劳务的一种促销活动。非人员促销，是食品企业通过一定的媒体传递产品或劳务的有关信息，促使食品消费者产生购买欲望、发生购买行为的一系列促销方式，包括广告、营业推广、公共关系。

（三）促销的类型

1. 一级促销

一级促销主要包括食品生产商对批发商的促销；食品生产商对零售商的促销；食品生产商对消费者的促销；批发商对零售商的促销；批发商对消费者的促销；零售商对消费者的促销。一级促销属于单层次促销。

2. 二级促销

二级促销主要包括食品生产商对批发商、零售商的促销；食品生产商对零售商、消费者的促销；食品生产商对批发商、消费者的促销；批发商者对零售商、消费者的促销。二级促销属于双层次促销。

3. 三级促销

三级促销指食品生产商对批发商、零售商、消费者的促销。三级促销属于多层次促销。

(四) 促销误区

1. 随意促销

当企业面对销售压力时，就更渴望通过促销的形式来解决问题。随意促销的最大问题是对促销往往缺少整体规划，想怎么做就怎么做，具有很大的随意性，很难产生整体效益。这种促销主观性意识色彩很浓，竞争意识差，更谈不上促销战略与战术的组合运用。

2. 盲目攀比

"你5折我就4折，你4折我就3折，你现场展示我就搭台唱戏"是典型的促销攀比。尤其是竞争品牌促销收效不错时，往往在攀比心的驱使及经销商的压力之下，盲目出手，推出比竞争品牌更优惠的促销措施，结果大多是竞争品牌拣到了"西瓜"，自己只拣到了"芝麻"，而为此所付出的精力与成本，却无法从促销活动中得到回报。

3. 过度依赖促销

只把促销看成取悦消费者的手段，不断通过打折、降价、赠送等促销手段，刺激消费者购买，这样谈不上品牌忠诚。以促销支持销售，一旦促销停止，销售马上回落，对促销的依赖性极强。

4. "惊世骇俗"

促销形式求异求怪，与众不同。最大问题往往是食品企业过于在意促销的轰动效应，而忽视了促销的本来目的，使消费者感到困惑。

5. "随大溜"

做促销的最初动因只是因为大家都在做，没有自己的促销计划和促销目标，更没有针对竞争品牌的促销战术，这是典型的"随大溜"。"随大溜"的结果往往是陷入促销同质化的局面，由于大家都在做，消费者也司空见惯，故而很难达到理想的效果。

二、食品营销促销策略

(一) "推动"策略

1. "推动"策略的内涵

"推动"策略也称高压策略，它强调的重点是分销渠道上各环节人员推销的推销活动，重点在于人员促销与贸易促销。销售人员介绍产品的各种特性与利益，促成潜在食品消费者的购买。食品企业的销售人员访问批发商，协同批发商的销售人员访问零售商，再协同零售商的销售人员积极地向消费者推销产品。按照这种方式，产品顺着分销渠道，逐层向前推进，最终推进终端市场。这种方式中，促销信息流向和产品流向是同方向的。"推动"策略常用于销售过程中需要人员推销的工业品与消费品（包括食品）。

2. "推动"策略的适用条件

"推动"策略的适用条件有：食品企业规模小或无足够的资金推行完善的广告促销；市场比较集中，渠道短，销售力强；产品单位价值高；食品企业与中间商、消费者关系亟待改善；产品性能及使用方法需作示范；拥有较雄厚的推销队伍，或者产品的声誉较高，主要以中间商为主要的促销对象，要求针对不同的食品、不同的客户，采用不同的推销方式和方法。

（二）"拉引"策略

1. "拉引"策略的内涵

"拉引"策略也称吸引策略，是食品企业把消费者作为促销对象，通过密集型的广告宣传、营业推广、公共关系等方式，引起消费者的购买欲望，激发购买动机，进而增加中间商的压力，促使零售商向批发商、批发商向制造商进货，最终满足消费者的需要，达到促进销售的目的。同时，也可以直接对渠道成员（批发商、零售商）采用广告宣传、营业推广、公共关系等方式，拉动下游中间商对其上游的进货需求。依照这种方式，产品在分销渠道上，因为受到广告等促销活动的影响而产生需求吸引。这种方式中，促销信息流向和产品流向是反向的。

2. "拉引"策略的适用条件

"拉引"策略的适用条件有：产品是市场上的便利品，产品差异化不大；食品企业拥有充分的资金，有力量支持广告促销等；食品企业的产品的销售对象比较广泛，或是新产品上市，需要扩大知名度。

（三）"推拉"策略

"推拉"策略也称混合策略。"推动"策略和"拉引"策略都包含了食品企业与消费者双方的能动作用，但"推动"策略的重心在于推动，着重强调了食品企业的能动性，表明消费需求是可以通过食品企业的积极促销而被激发和创造的；"拉引"策略的重心在于拉引，着重强调了食品消费者的能动性，表明消费需求是决定生产的基本因素，食品企业的促销活动必须符合消费需求，符合购买指向，才能取得事半功倍的效果。大多数食品企业，在销售其产品时，都采用"推拉"策略，但由于食品企业处在不同的发展阶段，其经营目标不同，因而推力和拉力所占的比例不同。

运用"推拉"策略的有效做法是有效搭配，就是前拉后推，推拉结合。促销的基本过程就是运用"推动"和"拉引"这两种方式，促使渠道成员或食品消费者购买食品企业的产品或服务。在运用"推拉"策略时，一定要适度地搭配好各自的投入比例，协调启动。

三、影响食品营销促销组合选择的因素

（一）产品生命周期对促销组合选择的影响

在产品生命周期的不同阶段，因促销侧重的目标不同，所采用的促销方式也不同。例如，在产品的导入期和成长期，因需要开拓市场、提高知名度，往往在广告上花费大量费用；而在成熟期和衰退期，因产品已经饱和或消费者已经对产品非常熟悉，广告使用量大量减少，代之以能引起购买欲望的营业推广方式。

（二）市场特点对促销组合选择的影响

目标市场的规模与集中性、目标群体的特性、购买者类型及竞争对手不同，促销组合方式也有所不同。

1. 市场规模与集中性不同时的促销组合

规模小且相对集中的市场，人员促销是重点，应同食品消费者建立长期固定的产销关系；规模大、范围广且分散的市场，则应多采用广告、公共关系和营业推广。

2. 目标群体的特性不同时的促销组合

对于不同特性的食品消费者，由于职业、购买习惯和经济收入的不同，使他们的需求与获得信息的途径也不同，因此相应的促销方式也不尽相同。此外，目标群体的生活方式、个性特征及产品使用习惯也会影响促销方式的选择。

3. 购买者类型不同时的促销组合

对个人、家庭消费者应以广告、公共关系促销为主，辅之以人员促销；对组织用户、集团消费应以人员促销为主，辅之以公共关系和广告；对中间商则宜以人员推销为主，并配合营业推广。

4. 竞争对手不同时的促销组合

除非销售的产品是垄断性产品，否则都需要考虑竞争者对食品企业促销组合的影响。食品企业开展促销活动之前，一定要了解竞争对手的情况，如他们面临着什么样的问题、他们的促销策略及效果如何、他们的竞争优势和食品企业实力在哪里、他们的促销活动会给本企业造成什么不利影响。食品企业要分析和比较自身与竞争对手的实力，据此选择针锋相对的促销方式或避其锋芒的促销组合。

（三）促销目标对促销组合选择的影响

促销目标是食品企业从事促销活动所要达到的目的。食品企业的不同时期及不同环境都有其特定的促销目标，没有目标的促销活动是收不到理想效果的。促销目标不同，促销组合也会不尽相同。以提高知名度和塑造良好形象为主要目标时，促销方式应以公共关系和广告为主；而以销售食品为主要目标时，公共关系是基础，广告是重点，人员促销是前提，营业推广则是关键。

（四）产品市场对促销组合选择的影响

不同的促销方式在不同的产品市场类型上的效果是不同的。在食品市场上，促销效果由高到低依次为广告、营业推广、人员推销和公共关系；在组织市场上，促销效果由高到低依次为人员推销、营业推广、广告和公共关系。

（五）互联网营销对促销组合选择的影响

互联网参与营销以后，打破了传统的营销推广的格局，改变了食品企业的营销渠道和策略，电视媒体已不再是宣传的霸主，报纸、杂志、广播开始受到冷遇。例如，箭牌口香糖、德芙、百事可乐等在互联网上的投放量都有大幅度增长。互联网的运用，提高了信息的传播速度，扩大了覆盖面，直接影响了食品企业的销售额，同时有利于食品企业开拓新市场。一些小型食品企业无力在电视上投放广告，而报纸、杂志宣传传播速度及效果较低，所以互联网宣传是最好的选择。不管是大企业还是中小型企业，都可以将互联网作为对外宣传的重要手段。

（六）促销预算对促销组合选择的影响

食品企业开展促销活动，必然要支付一定的费用。因此，除了上述影响因素，能用于促销的费用预算，也是决定促销组合的重要依据。各种促销组合所需费用不同，为提高经济效益，应力求以促销费用尽可能少而促销效果尽可能好的方式去促销。这就要求食品企业在制定促销组合时，应根据促销目标，对食品企业的财力状况、各种促销方式的费用、可能产生的经济效益，以及竞争者的促销现状等多方面因素进行全面权衡，选择适宜的促销方案。

除了考虑上述因素，促销策略的选择和应用还要考虑食品消费者行为和消费习惯、经济情况、分销成本和分销效率、技术条件等。

四、食品营销促销管理的操作程序

（一）确定促销对象

促销对象是食品企业通过市场细分确定的食品营销对象，是对传递的产品及相关信息感兴趣的人或组织，可能是潜在的购买者或现实的使用者，可能是购买决策者或影响者，或者是一般公众。食品企业要研究促销对象对食品企业及其市场竞争者的产品的现有印象，便于确定合适的促销目标。

（二）确定促销目标

促销目标的确定是以促销对象对食品企业产品的现有印象为基础的。消费者从接收信息到最后实施购买决策一般要经过 4 个阶段，即知晓、兴趣、欲望和行动。食品企业若知晓了消费者现在对产品的认知阶段，就可以确定下一步的促销目标。例如，消费者现在处于有购买食品企业产品的欲望阶段，促销的目标就是要让消费者付诸购买行动，快速达成交易。

（三）设计信息

信息设计的操作性极强，促销必须设计有效的信息，用有说服力的方式表现出来，达到引起消费者注意、提起兴趣、引起欲望，从而付诸购买行动的目的。

（四）选择信息沟通渠道

有效的促销信息沟通渠道有人员信息沟通渠道和非人员信息沟通渠道。人员沟通信息渠道是指两个及以上的人相互之间直接进行信息沟通；非人员信息沟通渠道通常是指无须通过人与人的直接接触来传递信息或影响的渠道，如大众媒体、新媒体、包装起来的环境氛围或者设计安排的事件活动等。人员信息沟通渠道可以直接达成交易而非人员信息沟通渠道不能；人员信息沟通渠道传递的信息企业不能控制而非人员信息沟通渠道传递的信息企业可以控制等。

（五）决定促销组合

由于促销方式各有特点，在不同市场条件中的适用程度和有效程度也不同，必须综合考虑各方面情况，选择最佳促销组合。

（六）评估促销效果

促销组合的确定并非促销决策程序的终结，还必须对促销效果进行评估，如有多少人接触过该信息、有多少人能记住该信息、对该信息的反应如何、有多少人采取了购买行为等。

（七）控制和调整促销活动

评估的目的是便于控制和调整食品企业下一步的促销活动，做到有的放矢。影响促销决策的各种变量在不断发生变化，因此必须要对决策方案进行相应修正和调整。

五、食品营销的促销策略的模式

食品企业在进行促销策划时，必须根据促销目标与任务、产品类型与性质、市场范围与规模、消费者素质与购买阶段等因素对人员推销广告、营业推广、公共关系等各种促销方式进行综合运用和有机组合。由于影响组合促销因素的多样性、复杂性和促销方式的多重性、多变性的特点，导致促销组合模式的多样性。普遍运用的促销组合模式有：广告、人员推销促销组合；营业推广、广告促销组合；广告、营业推广和人员推销促销组合；广告、营业推广、人员推销和公共关系促销组合；拉式促销组合和推式促销组合。

任务二　人员推销促销

一、人员推销

（一）人员推销的内涵

人员推销是指食品企业推销人员直接向食品消费者推销产品和服务的一种促销活动。在人员推销活动中，推销人员、推销对象和推销产品是 3 个基本要素。前两者是推销活动的主体，后者是推销活动的客体。食品企业通过推销人员与推销对象之间的接触、洽谈，将商品推销给推销对象，从而达成交易，实现既销售产品又满足消费者需求的目的。

（二）推销人员的角色定位

推销员是食品企业形象代表，是热心服务者，是信息情报员，是客户经理，是实现食品企业与消费者双向沟通的桥梁和媒介之一，是食品企业里最重要、最宝贵的财富之一，它是食品企业生存和发展的支柱。

（三）人员推销的类型

1. 食品生产企业的人员推销

食品生产企业雇用推销员向中间商或其他厂家推销产品。食品生产企业的推销员往往将中间商作为他们的推销对象。

2. 批发商的人员推销

批发商往往雇用成百上千名的推销员在指定区域向零售商推销产品。零售商也常常依靠这些推销员来对商店的货物需求、货源、进货量和库存量等进行评估。

3. 零售店人员推销

这类推销往往是消费者上门，而不是推销员拜访消费者。

4. 直接针对食品消费者的人员推销

这类推销在零售推销中所占比重不大，是推销力量中的一个重要部分，有其特殊的优点和作用。

（四）人员推销的基本形式

1. 上门推销的形式

上门推销是最常见的人员推销形式之一，推销人员携带产品样品、说明书和订单等走访消费者，推销产品。这种推销形式可以针对消费者的需要提供有效的服务，方便顾客，故受消费者广泛认可和接受。

2. 门店推销的形式

食品企业在适当地点设置固定门店，由营业员接待进入门店的消费者，推销产品。门店推销与上门推销正好相反，它是等客上门式的推销方式。由于门店里的产品种类齐全，能满足消费者多方面的购买要求，为消费者提供较多的购买方便，并且可以保证产品完好无损，故消费者比较乐于接受这种方式。

3. 会议推销的形式

会议推销是指利用各种会议向与会人员宣传和介绍产品，开展推销活动，如在订货会、交易会、展览会、物资交流会、团购会、产品体验会等会议上推销产品。这种推销形式接触面广、推销集中，可以同时向多个推销对象推销产品，成交额较大，推销效果较好。

二、食品产品利益推销

（一）产品利益

产品利益是指食品带给消费者的好处，而不是指食品带给消费者的用途或特点。传统的推销观念强调的是产品的用途、质量、优点、特点等；而现代推销观念强调，消费者不会由于产品是什么而购买它，而是因为产品能给他们带来某些好处而购买它。这是推销人员首先要掌握的思路与方法。

（二）产品利益推销的概念

产品利益推销就是推销人员在向消费者介绍食品特点的基础上，进一步向食品消费者指出这些特点能给消费者带来什么好处。每一位推销人员都必须考虑两个问题：第一，每位消费者都要求思考一个问题——食品对我有什么好处。第二，推销人员也必须考虑这样的问题——食品对消费者有什么好处。在解决这两个问题的基础上，围绕产品利益去设计和实施推销策略和推销技术，才能从特点推销转化到利益推销上来。

（三）推销产品利益的操作程序

1. 鉴别利益

一个推销人员在拜访食品消费者之前，一定要明白自己将要带给消费者哪些利益，推销人员带给消费者的利益包括两个方面：一是让食品消费者得到好处，它代表着顾客能更多地拥有或更好地利用某些东西；二是让食品消费者避免或减少损失，例如，解决问题的方案就可以使消费者摆脱困境或使消费者避免损失，这比向消费者承诺更大的收获更有说服力。

（1）产品利益的类型。一般利益，即各类产品都具有的利益。特殊利益，即本产品的特点带给消费者的利益，是其他产品无法与其相比的利益。意中利益，即产品能够提供消费者所期望的利益。在推销中，具有竞争优势的利益不是一般利益，而是特殊利益和意中利益。推销人员根据产品属性和食品消费者的特殊要求，总结和推销特殊利益和意中利益，才能满足不同消费者的需求，取得优异的销售业绩。

（2）食品企业利益。食品企业利益就是食品企业带给消费者的利益。食品消费者在购买产品的时候，如果他觉得食品企业没有知名度，且在消费者心目中的形象也不好，那么，他就可能不会购买该企业的产品。如果食品企业是一个知名度高、重信誉并且在消费者心目中的形象较好，那么，消费者就愿意和这样的食品企业打交道，成为食品企业的忠诚消费者。

消费者认知产品的过程一般是先认知产品所在的企业，再认知推销人员，最后认知产品，所以要做到让食品消费者对企业放心、对推销人员放心、对产品放心，才能实现购买。如果对三者中的任何一个不放心，购买就不会完成。

（3）差别利益。差别利益就是向食品消费者提供竞争对手所没有的利益，就是用一些别人没有的东西吸引消费者。"人无我有，人有我优，人优我新，人新我变"，通过不断地带给食品消费者与众不同的利益来吸引更多的消费者。

差别利益被视为推销人员吸引食品消费者的关键因素，也是食品企业在竞争中取胜的关键。企业界流传这样一句格言："一个推销人员在与竞争对手竞争的时候，如果不能找出3条以上竞争对手没有的差别利益，就很难在竞争中取胜。"

差别利益的内容包括：产品差别，即产品与众不同，比竞争对手的更好；服务差别，就是企业为消费者提供竞争对手所没有的服务，并且支付条件比竞争对手更优惠；人员差别，就是推销人员的差别，即推销人员在形象、素质、沟通能力、为顾客排忧解难等方面的差别。

2. 食品消费者需求

利益是相对而言的，世界上没有绝对的利益，任何食品的利益对消费者来讲都是相对的。消费者是追求利益的，但是不同的消费者追求的利益不同。推销人员要考虑和了解消费者的真正要求，提供对方迫切需要的利益，对症下药，才能迅速消除困惑，把产品利益展现在消费者面前，使消费者因利益而购买产品。

（1）不同类型的食品消费者对利益的需求。食品消费者是各种各样的，不同消费者的利益需求是不同的。

（2）不同购买心理的食品消费者对利益的需求。作为一名推销人员，去拜访消费者的时候，必须了解食品消费者的购买心理，然后针对消费者购买心理来介绍产品能带给消费者什么利益。只要能摸准消费者的购买心理，根据消费者购买心理介绍产品，就能打动消费者。

针对不同购买心理的消费者，推销人员推销产品利益的要点有以下几个方面：

① 安全性：是否具有某种潜在的危险。

② 舒适性：是否会给人带来愉快的感觉。

③ 简便性：是否可以很快地掌握它的使用方法，而不需要反复研究说明书。

④ 流行性：是否为新产品。

⑤ 效用性：是否能够给消费者带来利益。

⑥ 美观性：外观是否美观。

⑦ 便宜性：价格是否合理，是否可以为对方所接受。

⑧ 适合性：是否适合对方的需要。

⑨ 通融性：是否也可用于其他的目的。

⑩ 耐久性：是否能长期保持质量和性能稳定。

3. 把产品特点转化为食品消费者利益

产品具有什么样的特点比较容易理解，但是产品的这些特征能带给消费者什么样的利益，这就需要推销员去思考、去分析如何把产品特点转化为食品消费者利益的问题。

将产品特点转化为消费者利益的程序如下：

（1）编制产品特点目录。推销人员要把产品的每一个特点都列出来，编成目录。产品特点不仅包括物质特点，如色调、配方、工艺、质量、性能等，还要包括食品企业和推销工作相关的特点，如物流、定价、服务、信誉等。

（2）选择食品消费者最感兴趣的产品特点。因为没有一个消费者对所有的产品特点都感兴趣，所以推销人员要了解消费者对产品哪些特点最感兴趣。

（3）确定所选特点的重要程度。在认真分析各种特点的基础上，按照对食品消费者重要程度的不同进行顺序排列，将食品消费者最感兴趣的特点放在首位。

（4）论证每一个特点是如何满足食品消费者利益的。FABE 法是一种向食品消费者推销产品利益的实用方法。F（Feature）代表产品具有的特点，A（Advantages）代表由这一特点所产生的优点，B（Benefits）代表这一优点带给消费者的利益，E（Evidence）代表证据。该方法就是首先找出产品所具有的特点，然后分析每个特点有什么样的优点，而后分析这一特点能带给消费者什么样的利益，最后再找出证据，证实产品确实能满足消费者的利益需求。

三、人员推销的操作程序

（一）寻找食品消费者

推销人员制定完推销计划后，首要的工作就是寻找潜在的目标消费者，因为只有确定了推销对象，推销工作才能真正开始展开。推销人员寻找潜在的消费者，可以从多个途径去寻找。

1. 企业外部

如从现实的食品消费者那里得到其他潜在类似消费者的信息，通过亲朋好友得到相关潜在消费者的信息，通过无竞争关系的其他销售人员得到相关信息等。

2. 食品企业内部

如从企业的资料库、网站等方面得到相关信息，或者通过会议的电话、邮件等得到相关信息。

3. 亲自寻找

通过分析产品的目标消费者的特点，进行深入探访以得到潜在消费者的信息。为避免盲目性，应事先确定一个可能的目标范围。

4. 其他方面

如通过网络、电话、微信、微博、展会、销售讨论会等途径得到潜在消费者的信息。

(二) 评估食品消费者

找到潜在消费者，还要对其进行评估，看其是否具有购买的意愿及能力，把时间优先放在最具潜力的消费者身上，以达到最高的产出效果。

一般来说，只有那些对产品有真实需求、有足额的货币支付能力、有购买决策权的准消费者，才是合格的消费者，才是推销人员应重点推销的对象。

1. 购买需求的审查

需求审查是食品消费者购买资格的核心内容，它决定了整个推销活动的成败。购买需求的审查包括对消费者有现实的需求、消费者确实没有需求、消费者表示出虚假需求的审查。

2. 支付能力的审查

在完成了对食品消费者需求的审查之后，推销人员就要审查消费者的支付能力。这项工作是与推销人员寻找消费者、与消费者洽谈时同步进行的。支付能力的审查包括针对终端消费者支付能力的审查、针对企业支付能力的审查、针对中间商支付能力的审查。

3. 购买决策权的审查

很多情况下，人们虽然对推销人员推销的产品有现实需求，而且具有相应的支付能力，但他们不能采取购买行动，其中一个重要的原因就是他们没有购买决策权。购买决策权的审查包括终端消费者购买决策权的审查、食品企业购买决策权的审查、中间商购买决策权的审查。

(三) 接近食品消费者

接近食品消费者是推销人员开始推销洽谈的"前奏"，也是推销过程的一个重要环节。接近食品消费者一般包括推销准备、约见消费者与接近消费者3个环节。

1. 推销准备

推销准备包括食品消费者资料的准备和推销工具的准备。针对不同的食品消费者，食品消费者资料的准备可分为约见企业型购买者的准备、中间商型购买者的准备、终端型消费者的准备和熟悉消费者的准备。

2. 约见消费者

约见食品消费者既是接近准备的延续，又是接近过程的开始。约见的基本内容是要确定约见对象、明确约见目的、安排约见时间和选择约见地点。约见消费者的方式有当面约见、信函约见、委托约见、广告约见、网络约见等。

3. 接近消费者

接近消费者的主要方法有介绍接近法、产品接近法、利益接近法、好奇接近法、问题接近法、赞美接近法、调查接近法和求教接近法等。

（四）推销洽谈

推销洽谈是整个推销过程中的一个关键环节。能否说服食品消费者，进一步激发食品消费者的购买欲望，最后达成交易，关键在于推销洽谈是否成功。

1. 推销洽谈的内容

推销洽谈涉及的面很广，内容也非常丰富。不同产品的推销有不同的洽谈内容，但基本内容主要有产品品质、产品数量、产品价格、销售服务、消费者获得利益和保证条款。

2. 推销洽谈的步骤

正式的推销洽谈，买卖双方一般在事前已通过不同渠道有所接触，双方均有交易的动机和意愿，在经过一定的准备之后，双方在约定的时间、地点进行正式洽谈。一般来说，正式洽谈活动从开始到结束，可以划分为制定洽谈方案、洽谈导入和正式洽谈3个步骤。

3. 推销洽谈的方法

推销洽谈要想成功进行，推销人员必须熟练掌握并灵活运用推销洽谈的提示法、演示法和介绍法，同时还要注意运用推销洽谈的倾听技巧、语言技巧和策略技巧。

（五）推销成交

对于推销人员来说，无论推销过程多么艰辛或多么完美，如果最后没有拿到订单，其结果都是失败的。对于食品企业来说，只有不断地成交，才能促进资金回笼，才能赚取利润，赢得食品企业的良性发展。

（1）要善于识别食品消费者发出的购买信号，把握住有利时机，采取合适的促成交易的方法，达到成交的目的。

（2）常用的成交方法有请求成交法、假定成交法、优惠成交法、保证成交法、选择成交法、从众成交法、异议成交法、试用成交法、最后机会成交法和激将成交法。

（六）售后服务

产品售出后，要及时了解食品消费者的满意程度，及时处理食品消费者的意见，消除他们的不满，提高食品消费者的满意程度。良好的售后服务可以培养消费者对产品的忠诚程度，增加产品再销售的可能性。推销人员也可通过售后的综合分析，对重点消费者进行重点管理，进一步强化再销售的可能性。

四、人员推销促销管理

（一）对销售队伍的规模管理

推销人员既是食品企业最重要的资产，也是花费最多的资产。推销人员的规模是否适当，直接关系到食品企业的经济效益。推销人员多，会带来销售额的增加，但同时也会带来销售成本的上升，因此，食品企业必须进行成本和销售额之间的权衡，确定最佳的推销人员规模。

确定销售人员规模的最常用、最简单的方法有两种：一种是工作量法，即通过确定总工作量的方法来确定销售人员的规模；另一种是销售能力法，即先测算每个销售人员的销售能力，再计算在此销售人员规模下公司的销售额和投资报酬率，以此确定销售人员的规模。

（二）对销售队伍组织结构的管理

在相同的环境下，不同的销售队伍组织结构的运作效率是不同的。换句话说，不同的食品企业，在不同的环境下，要通过不同的组织结构去运作，才能达到效果最大化。营销实践中，推销人员的组织结构有以下 4 种形式。

1. 顾客式组织结构

顾客式组织结构是指食品企业将其目标市场按顾客的属性进行分类，不同的推销人员负责向不同类型的顾客进行推销活动的组织结构形式。

2. 复合式组织结构

复合式组织结构是指当食品企业的产品类别多、消费者的类别多且分散时，综合考虑区域、产品和顾客因素，运用两种或三种因素来分派销售人员的结构形式，在此情况下，一个销售人员可能要同时对多个产品经理或部门负责。

3. 区域式组织结构

区域式组织结构是指食品企业将市场划分为若干个销售区域，每个销售人员负责一个区域的全部销售工作。这是最简单的一种结构形式，为国内大部分产品单一的中小企业所采用。

4. 产品式组织结构

产品式组织结构是指企业将产品分成若干类，每一个销售人员或每几个销售人员为一组，负责销售其中的一种或几种产品的推销组织结构形式。

（三）对推销人员的管理

推销人员为企业创造利润，一支有能力的、高效的销售队伍对食品企业有着非常重要的作用，要想拥有高效的队伍，食品企业必须在推销人员管理的每一个环节做足功夫。

1. 推销人员的招聘

招聘为优秀的销售队伍把好第一关。食品企业要根据实际情况制定销售人员招聘的条件，以确保选出企业所需要的优秀销售人才。高素质的销售人员对销售的贡献要比低素质的销售人员高出很多，所以在招聘推销人员时，宁可花高价聘请一个高水平的销售人员，也不愿花低价去招聘几个低素质的销售人员。

2. 推销人员的培训

推销人员被招聘进来以后，一般食品企业都要对其进行相应的培训。食品企业对推销人员的培训内容有企业文化培训、职业道德培训、业务培训及管理培训等。不同的培训内容往往是根据需求的层次分阶段进行的。

食品企业对推销人员的培训方法：一是课堂培训，这是比较系统的正规培训方法；二是会议培训，是组织销售人员就某一专题进行研讨，受训人有充分的交流机会；三是实地培训，即新销售人员在接受一定的课堂培训的基础上被安排到工作岗位上，在有经验的销售人员的带领下逐步独立工作的培训方法，效果比较显著。

3. 推销人员的激励

一般来说，组织中的任何成员都需要激励，推销人员也是如此。食品企业可以通过多种方式对推销人员进行激励，以提高销售人员的工作积极性。激励措施的方式有固定工资加奖金、固定工资加提成。食品企业还要考虑销售人员的福利待遇，包括休假工资、医疗保险、养老保险等，特别应该根据销售人员工作特点，必要时还可以给予意外保险，这样可以让销售人员有安全感和对企业有依附感，从而愿意为企业奉献自己的干劲儿、热情和才智。

4. 推销人员的考核

有考核才有区别。对推销人员一定要用合适的考核方式去衡量其销售效果，并做出奖励或惩罚的相应措施，这对提升销售队伍的战斗力起着非常积极的作用。考核的难题在于考核指标的确定。常用的考核指标主要有销售量（额）、访问率、销售费用、新客户数目等。由于不同地区的状况不同，如销售潜力、区域形状、地理分布、交通条件等，这就给指标的考核带来了难度。食品企业要综合考虑各种情况，避免用单一的指标去衡量推销人员的销售业绩。

任务三　广告策略促销

一、广告策略的概念

广告作为一种传递信息的活动，它是食品企业在促销中应用最广的促销方式之一。广告策略是食品企业实现、实施广告战略的各种具体手段与方法，是战略的细分与措施。

广告策略既要告知食品消费者购买产品所能得到的好处，又要给予食品消费者更多的附加利益，以激发食品消费者对产品的兴趣，在短时间内收到即效性广告的效果，从而推动产品销售。

二、食品广告定位

食品广告定位是指在与所宣传产品相类似的众多食品中，寻找到该食品有竞争力的特点和独特个性，在食品消费者心中树立该商品的一定地位。食品广告定位的方式有：

（1）确定广告对象和宣传概念，强调商品特点，以及信息传递方法、技巧和具体步骤等。

（2）明确广告区域和宣传力度，针对广告区域的地方性、区域性、全国性、国际性的不同，选择不同广告覆盖方法，如全面覆盖、渐进覆盖或轮番覆盖。

（3）确立广告目标，在一个特定时期内对特定受众所要达到的宣传效果。广告目标可分为3种类型：通知型、说服型、提醒型。通知型广告主要用于某种新产品的入市前期，目的在于强化品牌形象、推出新产品；说服型广告的目的是培养消费者对某种品牌的需求，说服消费者在同类商品中选择它；提醒型广告对产品进入旺销期后十分重要，目的是引起消费者对该种商品的记忆并连续购买。

（4）选择广告媒体组合，根据食品和媒体的特性选择投入费用小而宣传效果好的媒体组合。

三、食品广告促销策略

（一）馈赠型广告促销策略

1. 赠券和赠品

在各种网上交易网站或商场中，商家为了吸引消费者，增加销售，采取了购买一样产品则赠送一件小赠品或赠券，让消费者形成一种购买自己的产品还能获得各种额外好处的意识，从而增加了自己的销售额。例如，腾讯的拍拍网，商家与网站合作，由网站赠送各种优惠券和红包给消费者，再引导消费者在各个支持使用优惠券和红包的商家消费。

2. 免费试吃广告

在公众场合将食品免费提供给消费者使用。在周末，超市都会派很多名营销人员在各类型产品架旁做一个一次性产品试吃广告，在商场内购物的消费者在经过这些位置时，可以免费试吃。

（二）直接型广告促销策略

1. 上门促销广告

上门促销广告，即促销人员不在大众媒体或商店做广告，而是把商品直接送到用户门口，当面向用户做产品宣传，并给用户一定的附加利益。例如，某食品企业开发糖果新产品，该企业招聘了几个营销人员到各学校小卖部、小超市和市内便利店进行推销，当面向各小商店经理解释糖果的优势，回答店主的疑问。最终该企业与各个小商店达成了协议。

2. 邮递促销广告

邮递促销广告，即促销人员将印有"某商品折价优惠"或"请君试用"等字样，并备有图案和价目表之类的印刷品广告，通过邮局直接寄到用户家中或办公室。为了减少邮递促销广告的盲目性，食品企业平时要做经常性的资料收集工作，掌握用户的姓名、地址和偏好，双方保持一定形式的联系，提高用户对企业的信任感。

3. 派发促销广告

派发促销广告，即促销人员将印刷品广告在目标消费群的聚集区递送给消费者。

（三）示范型广告促销策略

1. 名人示范广告

名人示范广告，即让社会名人替产品做广告。

2. 运用现场表演示范广告

现场表演示范广告，即选择特定时间和地点，结合人们的生活习惯，突出食品的时尚功效，做公开场合示范表演。

（四）集中型广告促销策略

集中型促销广告是在大型庆典活动、公益活动、展销会、订货会、文娱活动等人群集中的场合进行广告宣传。其广告形式多种多样。

四、食品广告促销的操作程序

（一）确定广告目标

广告目标是指食品企业通过广告活动要达到的目的。其实质就是要在特定的时间对特定的受众完成特定内容的信息沟通任务。广告目标是广告方案设计的出发点，为整个广告营销活动指明了方向，应从属于营销目标。根据广告目标特点的不同，可以把广告目标划分为告知、劝说和提示三大类。

（二）确定广告预算

在广告预算设计中，食品企业要充分认识广告支出与广告收益的关系。广告宣传的目的就是吸引消费者，扩大产品的销售，提高食品企业的经济效益。因此，食品企业在选择广告形式时必须注意广告宣传所取得的经济效益要大于广告费用的支出。食品企业选择确定广告预算的方法如下：

1. 承受能力法

承受能力法即根据食品企业的资金实力来决定广告预算。生产企业广告预算的计算方法是：先从食品企业产品的市场售价减去批发商与零售商所得的利润和本企业的生产成本，再确定食品企业可用于广告的费用比例。

2. 销售额百分比法

销售额百分比法即根据销售额的一定百分比制定广告预算。这种方法使广告费用与销售收入挂起钩来，简便易行。但它忽视了广告促销作用，颠倒了二者的关系，忽视了未来市场的环境变化，并且二者比例系数很难确定。

3. 竞争平衡法

竞争平衡法即参考竞争对手的广告费用而确定自己的广告费用，广告预算与竞争者大体相同。这种方法有助于避免广告战的白热化，但它忽视了竞争者广告费用不一定合理的情况。此外，竞争者与本企业情况也是存在差异的。

4. 目标任务法

目标任务法即根据食品企业营销的目标和任务确定广告预算。这是一种较科学的方法，但它也会有主观性，因此也需要采用上述某些方法对其加以修正。

5. 投资收益法

投资收益法即预测广告投资与所能产生的收益决定广告预算，但关键是难以确定广告的收益。因此，广告预算必须综合考虑各种因素，综合运用各种方法以校正某种方法的缺陷。广告预算总额确定以后，必须在不同广告媒体之间、广告管理的各个程序之间，在不同目标市场和不同地区之间，并依据不同媒体的传播时间和传播次数进行合理分配，才能收到预期的效果。

（三）确定广告信息

确定广告信息是指根据促销活动所确定的广告目标来设计广告的具体内容。产品设计要注重广告效果，只有高质量的广告，才能对促销起到宣传、激励的作用。高质量广告应该体现合法性、真实性、针对性、简明性、艺术性和统一性。

（四）选择广告媒体

不同的广告媒体有不同的特征，这决定了食品企业广告必须对广告媒体进行正确的选择，否则将影响广告效果。正确地选择广告媒体，一般要考虑下列影响因素。

1. 产品特征

掌握产品特征是选择广告媒体的重要条件。产品的特征主要是指产品的需求特征和需求范围，以及产品形象化程度。

2. 食品消费者接触媒体的习惯

一般来说，能使广告信息传递到目标市场的媒体是最有效的媒体。食品消费者接触媒体的习惯是不同的，掌握这种区别才能有针对性地进行广告宣传，提高广告宣传的效果。

3. 广告的内容

不同的广告内容应选择不同的广告媒体。例如，广告内容是"明天大降价"，选择日报、晚报、电视、广播、微博、微信、QQ、短信最及时。如果是一项技术性很强、较为复杂的产品，广告则宜刊登在专业杂志上，或采用印刷、邮寄做广告媒体。

（五）评估广告效果

促销广告是一项投资，对于这种费用较高的投资活动，食品企业必须要进行评估，目的在于提高广告的经济效益。要准确地评估广告效果绝非易事，但并不意味着不能评估。企业可以采用"预审法"检查广告是否将信息正确、有效地传递给目标受众。此方法是在广告公布于众之前对其效果进行评估。广告投放市场以后，可用下列方法进行评估。

1. 认知测定法

即抽取一组消费者做样本，然后询问他们是否观看（阅读）过某个广告。根据实际情况，将认知程度分为三等：约略认知，即曾看到过；联想认知，即能记起某一部分内容，由这部分内容能联想起有关的产品名称；较深认知，即能记起广告一半以上的内容。计算这三部分的百分比，即可得出该条广告的观看（阅读）效率。

2. 实验室测定法

即利用各种仪器观察被测者的生理反应，如心跳、血压、瞳孔等的变化，以此来判断广告的吸引力。

3. 回忆测定法

即通过消费者观看（阅读）广告后对广告内容的记忆度和理解度来测定广告的效果。回忆测定法又可分为纯粹回想法和辅助回想法两种。纯粹回想法是让消费者独立地对已推出的广告进行回忆，调查人员不做任何提示；辅助回想法则是测定食品消费者在一定的提示下，能够回忆出广告多少内容，以及理解程度和联想力如何。

此外，也可用销售量的变化来测定广告效果，但其结果往往因广告滞后作用的影响及其他因素的影响而不太准确。

任务四 营业推广促销

一、营业推广的概念

营业推广又称销售促进，是指食品企业在特定的目标市场中，为迅速刺激需求和鼓励购买而采取的各种短期性促销方式的统称。它与广告、公关、人员推销不同，后三者一般是常规的、连续的，营业推广则是非常规性的，是一种辅助促销手段。营业推广的着眼点在于解决某些更为具体的促销问题，因而是非规则性、非周期性地使用和出现的。营业推广最适用于完成短期的具体目标。

二、营业推广促销的操作程序

（一）确定营业推广的目标

营业推广的目标由食品企业的营销目标确定，一般有 3 个方面的目标。

1. 以鼓励中间商购买为目标

例如，鼓励中间商增加库存、打击竞争对手、提高中间商的品牌忠诚度、开辟新销售渠道等。

2. 以激发推销人员的销售努力为目标

例如，鼓励推销人员努力推销产品，刺激其去寻找更多的潜在消费者，努力提高业绩。

3. 以刺激食品消费者购买为目标

例如，鼓励现有产品使用者增加使用量、吸引未使用者使用、争取其他品牌的使用者等。

（二）选择营业推广的工具

营业推广的工具是多种多样的，各有其特点和使用范围。在选择营业推广的工具时，要考虑市场的类型、促销目标、竞争条件和促销预算分配，以及每种推广工具的预算。此外，同一推广目标可以用多种推广工具来实现，这就有一个营业推广工具的比较选择和优化组合的过程，目的是实现最优的推广效益。

营业推广的工具有以下 3 类：

（1）运用面向食品消费者的促销工具。

（2）运用面向中间商的交易促销工具。

（3）运用面向业务和销售队伍的促销工具。

（三）制订营业推广方案

制订营业推广方案要做出以下决策：

1. 营业推广激励对象的决策

这种激励是面向目标市场的每个人还是有选择的某部分人，这种范围管控有多大，哪类消费者是主攻目标，这种选择正确与否会直接影响促销的最终效果。企业在选择激励对象时，要尽量限制那些不可能成为长期消费者的人参加。当然，限制范围不能太宽，否则不利于目标消费群范围的扩大。

2. 营业推广送达方式的决策

企业要根据激励对象及每一种渠道方法的成本和效率来选择送达方式。例如，可通过邮寄和通过经特别训练的人挨户分发的方式赠送试用样品，也可以通过牛奶配送员或其他地区性的路线送货人员分送，促销人员店内发送，附于其他产品包装上等方式来配送。每种方式都有其优点，企业应从费用与效果的关系角度仔细斟酌，反复权衡选择最佳的送达方式。

3. 营业推广激励规模的决策

对营业推广对象的激励规模，要根据费用与效果的最优比例来确定。要获得营业推广活动的成功，一定规模的激励是必要的，关键是要找出最佳的激励规模。最佳激励规模要依据费用最低、效率最高的原则来确定。如果激励规模过大，虽然仍会促使销售额上升产生较多的销售利润，但效率将逐渐递减。

4. 营业推广活动期限的决策

任何促销方式在实行时都必须规定一定的期限，不宜过长或过短。如果促销活动的期间过短，可能使一些潜在消费者参与不到促销活动中来而达不到预期效果；如果持续时间过长，又会引起开支过大和减弱刺激购买的力量，并容易使企业产品在消费者心目中降低身价。应综合考虑产品特点，消费者购买习惯、促销目标、竞争者策略及其他因素，按照实际需求确定具体活动期限。

5. 营业推广预算及其分配的决策

促销费用的预算一般考虑的费用有广告费用、销售促进费用、公关费用、人员推销费用等。在促销活动中，企业按具体活动情况及其有关规定来确定一定的促销费用。为了使费用的投入得到更大的促销效果，预算要注意尽可能细化、准确，以求得最优的经济效益。

6. 营业推广时机选择的决策

一般来讲，促销时机的选择应根据消费需求时间的特点结合企业市场营销战略来定，同时应注意与生产、分销、促销的时机和日程协调一致。在不同的地区推出促销活动应与该地区营销管理人员根据整个地区的营销战略来研究与决定。例如，某饮料生产企业在开拓某地市场时，10 月才开始做广告促销和大量的营销推广活动，这就是在时机选择上的失误，因为一般来说 10 月开始进入饮料销售的淡季。企业应在每年饮料销售旺季到来之前及旺季中的4～9 月开展营业推广活动，这样效果才会显著。

（四）试验、实施和控制营业推广方案

促销方案制订后一般要经过试验才予以实施。通过试验，明确所选用的促销工具是否适当，刺激是否最佳，实施的方法效率如何等。一些大企业常在选定的市场区域中采用不同的策略进行试验。面向消费者市场的营业推广能够较轻易地进行试验，可邀请消费者对几种不同的可能优惠方法做出评价，给出评分，也可以在有限的地区范围内进行试用性试验。

企业对于每项营业推广工作都应该确定实施和控制计划。实施计划必须包括前置时间和销售延续时间。前置时间是从开始实施这种方案前所必需的准备时间，它主要包括最初的计划和设计工作，包装修改的批准或者材料的邮寄，配合广告宣传的准备工作和销售材料，通知现场销售人员，为个别分销店建立地区的配额，购买或印刷特别赠品或包装材料，预期存货的生产及发放等。销售延续时间是指从开始实施优惠措施起到大约95%的采取此优待方法的产品已经到达消费者手中为止的时间。这段时间可能是一个月至几个月，主要取决于活动持续时间的长短。在计划制订及执行过程中，应有相应的监控机制作为保障，应有专人负责管控事态的进展，一旦出现偏差或意外情况应及时予以纠正和解决。

（五）评估营业推广的效果

营业推广活动结束后，应立即对其进行效果评估，以总结经验和教训。

1. 运用市场调查法评估

市场调查所采用的方法是寻找一组食品消费者样本，和他们面谈，了解有多少食品消费者还记得促销活动，他们对促销的印象如何，有多少人从中获利，对他们今后的品牌选择有何影响等，通过分析这些问题的答案，就可以了解到促销活动的效果。这种方法尤其适合于评估促销活动的长期效果。调查的项目包括促销活动的知名度、消费者对促销活动的认同度、销势增长（变化）情况、企业形象的前后变化情况。

2. 运用观察法评估

观察法是通过消费者对促销活动的反应，从而得出对促销效果的综合评价，主要是对消费者参加竞赛和抽奖的人员、优惠券回报率、赠品的兑现情况加以观察，从中得出结论。这种方法相对而言较为简单，而且费用较低，但结论易受主观影响，不是很精确。

3. 运用前后比较法评估

前后比较法即将开展营业推广活动之前、之中和之后三段时间的销售额进行比较，以测评促销效果。这是常用的消费者促销评估方法，促销前、促销期间和促销后产品的销售额水平的变化会呈现出几种不同的情况，这说明促销产生了不同的效果。

（1）促销期间销售额同促销前基本一致，促销结束后也无多大变化，这说明促销无效果。

（2）促销期间销售额有明显增加，促销结束后低于通常水平，过一段时间后又回归到通常水平，这说明促销可能只是吸引了产品的习惯消费者在促销期间多批量的购买，并没有刺激新的消费者实施购买行为。促销结束到产品销售额回归到通常水平这段时间也被称为"存货消耗期"。

（3）促销期间销售额有明显增加，促销结束后回归到通常水平，这说明促销虽然暂时刺激了一些新的食品消费者实施购买行为，但新的食品消费者对于促销产品并没有形成"品牌忠诚"。

（4）促销期间销售额有明显增加，促销结束后高于通常水平，这说明促销刺激了一些新的消费者实施购买行为，且这些新的消费者对于促销产品还形成了一定的"品牌忠诚"，而原有的食品消费者信心也没有受到负面影响。这是一种理想的促销效果。

（5）促销初期销售额上升，但在促销中销售额就逐渐下降，结束时又恢复到原有正常水平，这说明本次促销的冲击力虽强，但没能对消费者的重复购买或大量购买产生真正的影响。

（6）促销期间销售额有较明显的上升，促销结束后则跌落到通常水平以下，这说明促销可能破坏了产品原有的品牌形象。

任务五　公共关系促销

一、公共关系的概念

公共关系是指某一组织为改善与社会公众的关系，促进公众对组织的认识、理解及支持，以达到树立良好组织形象、促进产品销售的目的的一系列促销活动。

运用公共关系促销并不是要推销某个具体的产品，而是食品企业利用公共关系把食品企业的经营目标、企业文化、企业形象等传递给社会公众，使公众对食品企业有充分的了解。公共关系促销的作用是对内协调各部门的关系，对外建立广泛的社会联系，密切食品企业与公众的关系，树立食品企业的良好形象，扩大食品企业的知名度、信誉度与美誉度。其目的是为食品企业的营销活动创造一个和谐、亲善、友好的营销环境，从而间接地促进产品的销售。

二、公共关系促销方式

（一）征询性公共关系促销方式

这种方式主要通过采集信息、调查、民意测验等形式，收集公众意见、建议、愿望等。同时又借此向公众传播食品企业营销信息，扩大食品企业的知名度，为食品企业营销活动提供便利。

（二）同化性公共关系促销方式

同化性公共关系促销方式由于能超越各种利益纠纷甚至冲突之上，因而在激烈的市场竞争中显得技高一筹。例如，有些超市的经理为在本超市买不到合适产品的消费者介绍他家超市的其他产品，使消费者对该超市留下良好的印象。

（三）情感性公共关系促销方式

情感性公共关系促销方式由于直接从消费者情感、心理需要出发，具有很强的感染力和渗透力。

（四）心理性公共关系促销方式

心理性公共关系促销方式通过打破固有思维定式、心理定式，使公众产生异乎寻常的感觉和印象，因而格外地对食品企业和产品产生关注，引起购买欲。

（五）开拓性公共关系促销方式

开拓性公共关系促销方式是食品企业在初创时期采用的方式，指借助大众媒体异乎寻常的营销方式使企业形象、产品形象在公众中一举定位，较快地打开营销局面。

（六）矫正性公共关系促销方式

在食品企业形象受到损害时，为了矫正受到歪曲的企业形象，解除公众的误解，就要使用矫正性公共关系。矫正性公共关系促销方式是指及时发现问题，积极采取有效措施，纠正错误，改善不良形象，用真诚的解释和负责的态度来赢得公众的理解，最终被消费者认可。运用矫正性公共关系促销方式的关键是实事求是、以诚待人，不隐瞒不欺骗，努力在企业和公众之间架起信任的桥梁。

（七）交际性公共关系促销方式

交际性公共关系促销方式是以人际交往为主的实用性方式，具有直接性、灵活性的特点，尤其是通过浓厚的人情味儿和人际交往与公众保持联系，成为不少食品企业和企业家的成功之道。

（八）服务性公共关系促销方式

服务性公共关系促销方式是指食品企业为消费者提供优质产品的同时提供优质服务，树立起自身的知名度和建立起消费者的信任感。

（九）社会性公共关系促销方式

社会性公共关系促销方式是指通过各种有组织的社会性、公益性、赞助性活动来体现企业对社会进步和发展的责任，同时在公众中扩大非经济因素的美誉度来展示企业的良好形象，促进食品企业营销。

三、公共关系促销的操作程序

（一）公共关系促销调查

公共关系促销调查是运用科学的方法，通过收集必要的资料，综合分析各种因素及其相互关系，以达到掌握实际信息，了解和考察组织的公共关系状态的一种实践活动。公共关系促销调查便于有的放矢地开展公共关系促销活动。

（1）公共关系促销调查的内容包括对公共关系的主体-组织情况的调查，对公共关系的客体-公众意见的调查，以及同公共关系的主客体密切相关的社会环境的调查。

（2）公共关系促销调查的方法有抽样调查法、问卷调查法、访谈调查法、实地观察法和文献调查法等。

（3）公共关系促销调查的程序包括确定调查课题、把握调查对象、制订调查方案、开展实地调查和调查结果处理。

（4）公共关系促销调查报告是一种以文字和图表将整个调查工作所得到的结果系统、集中、规范地反映出来的形式。调查报告的主要部分有标题、导语、主体和结尾。

（二）公共关系促销策划

公共关系促销策划主要探讨如何在调查研究的基础上对公共关系促销活动进行谋划，制订方案，为公共关系促销活动的实施和评估提供依据。

（1）公共关系促销策划的过程包括信息分析、确定目标、设计主题、分析公众、选择媒介、经费预算和评估方案。

（2）公共关系策划的方法可归结为3个方面，即如何运用"时""势"与"术"。"时"

包括审时、借时；"势"包括度势、运势、造势；"术"包括择术。

（三）公共关系促销实施

公共关系促销实施就是在公共关系促销活动策划方案被采纳以后，将方案所确定的内容变为公共关系促销实践的过程。公共关系促销实施控制方法主要是反馈控制法。反馈控制法包括事前控制法、事中控制法和事后控制法。

（四）公共关系促销评估

公共关系促销评估就是依据特定的标准，对公共关系促销策划方案、实施及效果进行检验、评价和估算。通过对公共关系促销效果的分析评估，肯定工作成绩，找出实施效果与目标之间的差距，适时地调整公共关系促销目标和策划方案，保证公共关系促销活动的持续、有效开展。

（1）公共关系促销活动评估的内容包括：分析评估公共关系促销活动原定目标是否实现，分析评估公共关系促销活动所选择的模式、传播媒介是否符合目标公众的需求，分析评估公众态度。

（2）公共关系促销活动分析评估的程序包括：设立评估统一目标，选择合适的评价标准，确定获取数据的最佳途径，及时报告评估结果和运用评估结果。

（3）实施效果的评估方法包括：自我评定法、专家评定法和实施人员评定法。

（4）公共关系促销评估报告的内容包括：评估的目的及依据、评估的范围、评估的标准和方法、评估的过程、评估对象的基本情况、内容评估、分析与结论、存在的问题及建议、附件、评估人员名单和评估时间。

公共关系促销评估主要是对公共关系促销过程进行总结、分析，确定公共关系促销活动的最终结果，估计公共关系促销计划和活动实施的各种效果，为调整下一步公共关系促销目标和制定公共关系促销计划提供翔实的资料。

复习思考题

1. 促销的概念是什么？
2. 促销策略有哪些？
3. 人员推销的操作程序是什么？
4. 广告促销的策略是什么？
5. 如何评估营业推广的效果？
6. 公共关系促销方式有哪些？

思政小课堂

项目八　食品营销定价策略

任务一　食品营销定价目标与影响因素

一、食品营销定价的目标

（一）产品质量领先的定价目标

为了在市场上树立一个产品质量最优的形象，一些食品企业在生产成本、产品开发研究等方面做了较大的投入。为补偿这些支出，企业往往给自己的产品或服务制定较高的价格，反过来，这种较高的价格又进一步提高了食品产品的优质形象，增加了对高收入消费者的吸引力。

（二）竞争导向的定价目标

这是竞争性较强的食品企业所采用的定价策略，指为应付竞争，在定价前应注意收集同类食品产品的质量和价格资料，与自己的产品进行比较，然后制定应付竞争的价格。对于实力较弱的食品企业，采用与竞争者价格相同或略低于竞争者的价格；对于实力较强又想扩大市场占有率的食品企业，采用低于竞争者的价格；对于资本雄厚，并拥有特殊技术的食品企业，采用高于竞争者的价格。有时通过采取低价，迫使对手退出食品市场或阻止对手进入食品市场。

（三）生存导向的定价目标

如果食品企业产品销路不畅，大量积压，甚至濒临倒闭时，则需要把维持生存作为企业的基本定价目标，因为生存比利润更为重要。

（四）维护企业形象的定价目标

企业形象是企业的无形财产，为维持企业形象，定价目标首先要考虑价格水平是否与目标消费群的需求相等，是否有利于企业整体策略的实施。

（五）保持良好销售渠道的定价目标

为了使营销渠道畅通无阻，食品企业必须研究价格对中间商的影响，充分考虑中间商的利益，促使中间商有较大的积极性去推销产品。

（六）利润导向的定价目标

1. 利润最大化目标

以最大利润为定价目标，是指食品企业期望获取最大限度的销售利润。

2. 适当利润目标

在激烈的市场竞争中，食品企业为了保全自己，减少市场风险，或者限于实力不足，把取得适当利润作为定价目标。适当的利润目标一方面可以使企业避免不必要的竞争；另一方面由于价格适中，顾客愿意接受，可使企业获得长期的利润。

3. 预期利润目标

以预期的利润作为定价目标，是食品企业把某项产品或投资的预期利润水平，规定为销售额或投资额的一定百分比，即销售利润率或投资利润率。预期的销售利润率或投资利润率一般要高于银行存贷款利率。以目标利润作为定价目标的食品企业，应具备以下两个条件：第一，该企业具有较强的实力，竞争力比较强，在食品行业中处于领导者地位；第二，采用这种定价目标的多为新产品、独家产品及低价高质量的标准化产品。

（七）销量导向的定价目标

增加销售量或扩大市场占有率是食品企业常用的定价目标。

1. 增加销售量（销售额）

大量的销售既可形成强大的声势，提高企业在食品市场的知名度，又可有效地降低成本。对于需求价格弹性较大的食品产品，降低价格而导致的损失，可以由销售量的增加而得到补偿。

2. 保持或扩大市场占有率目标作为定价目标，市场占有率与利润有很强的关联性

从长期来看，较高的市场占有率必然带来较高的利润。一个食品企业在一定时期的盈利水平高，可能是由于过去拥有较高的市场占有率的结果，如果市场占有率下降，盈利水平也会随之下降。

二、影响食品定价的因素

在选择定价目标的前提下，食品企业定价还要考虑影响定价的因素。影响定价的因素有很多，有食品企业内部因素，也有外部因素；有主观因素，也有客观因素。所以，食品企业要综合分析影响定价的因素。

（一）企业内部因素对食品定价的影响

价格的制定要受到企业内部因素的影响和制约，食品企业定价时必须考虑这些因素。食品企业内部因素包括企业的实力、市场营销目标、市场营销组合、产品成本、定价组织和产品自身的特性等。

（二）消费者心理预期因素对食品定价的影响

消费者心理预期，尤其是心理行为，是影响食品企业定价的一个重要因素。无论哪一种消费者，消费过程中必然会产生种种复杂的心理活动，并支配消费者的消费过程。通常食品消费者在选购产品时，总是根据某种产品能为自己提供效用的大小来判定该产品的价格，他们对产品一般都有客观的估价。若食品企业定价高于食品消费者的心理期望值，则很难为消费者所接受。因此，食品企业制定产品价格时，不仅应迎合不同消费者的心理，还应促使或改变消费者行为，使其向有利于自己营销的方向转化。同时，食品企业要主动、积极地考虑食品消费者的长远利益和社会整体利益，提高性价比，为食品消费者创造价值。

（三）产品成本因素对食品定价的影响

产品成本包括生产成本、销售成本和储运成本等，是产品价格的主要组成部分，也是定价的基础。很大程度上，需求为食品企业的定价确定了上限，而食品企业的成本是价格的下限。食品企业总是希望制定的价格能弥补生产、分销和销售该产品的成本，并取得对企业所做的努力和承担风险的合理报酬。因此，成本是影响定价决策的一个主要因素，许多食品企业力图降低成本，以期降低价格，扩大销售和增加利润。如果食品企业某种产品的成本高于竞争者的成本，该产品在市场上就会处于十分不利的竞争地位。

（四）市场供求因素对食品定价的影响

1. 供求与价格的双向影响

产品价格是在一定的市场供求状况下形成的。在一定时期内，某种产品的供求状况反映其供给量与需求量之间的关系。这种关系包括供求平衡、供不应求和供过于求 3 种情况。供求平衡是指某种产品的供给与需求在一定时期内相等，包括总量相等、结构吻合。在供求平衡时，某种产品的市场价格称为均衡价格。

假定供求和价格以外的其他因素不变，当某种产品的价格高于均衡价格时，该产品的需求量下降，供给量上升，结果形成供过于求。在某种产品供过于求的市场局势下，卖方之间竞争激烈，如果价低者的产品可以出售，则买方在交易中处于优势地位，掌握了买卖的主动权，即形成了买方市场。所以，当某种产品的需求减少且供给增多时，价格便会落至均衡价格或其以下。

当某种产品供不应求时，买方之间竞争激烈，出价高者可以买到产品，那么卖方在交易中处于优势地位，掌握了买卖的主动权，即形成了卖方市场。随着价格的上涨，食品企业的资金会转向该产品的生产与销售，导致该产品的市场供给量剧增，从卖方市场转化为买方市场，形成供过于求的局面，价格将自动回落。

2. 需求价格弹性

通常情况下，某种产品的价格升高，其需求量就会减少，反之则增加。但是，价格升高并不意味着食品企业总收益的提高。因此，制定产品价格时必须考察产品的需求价格弹性因素。需求价格弹性简称需求弹性，它是指在一定时期内，某种产品的价格变动的百分比与其需求变动的百分比的比值。由于是两个相对数的比值，故它又称为需求价格弹性系数。当价格变动小于需求量变动时，此产品需求富有弹性，即弹性较大，表明产品供求关系对价格的影响较大；当价格变动大于需求量变动时，此产品需求缺乏弹性，即弹性较小，表明产品供求关系对价格的影响较小。需求弹性表达了产品价格变化和需求量变化之间的敏感程度。

（五）市场竞争态势因素对食品定价的影响

食品市场竞争态势不同，也会影响食品企业对产品的定价。按照市场竞争程度，食品市场竞争态势因素对定价的影响可以分为以下3种。

1. 完全竞争态势因素对定价的影响

完全竞争市场状况下，市场上的食品企业很多，买卖双方的交易都只占市场份额的一小部分，彼此生产或经营的产品是相同的；食品企业不能用增加或减少产量的方法来影响产品的价格，也没有一个食品企业可以根据自己的愿望和要求来提高价格。这种情况下，食品企业只能接受在市场竞争中现成的价格，买卖双方都只是"价格的接受者"，而不是"价格的决定者"，价格完全由供求关系决定，各自的行为完全受价格因素支配。但应该指出的是，完全竞争市场仅仅存在于理论上，在现实生活中是不存在的。

2. 不完全竞争态势因素对定价的影响

不完全竞争是一种介于完全竞争和完全垄断之间的市场态势。在不完全竞争条件下，市场上有许多的买主和卖主，但各个卖主所提供的产品都存在一定的差异，或者是质量、花色、式样和产品服务的差异，或者是不同品牌的产品。虽然本质上没有差异，但购买者因受广告宣传、产品包装的影响，在主观或心理上认为它们有差异，因而有所偏好，愿意花不同数额的钱来购买。

3. 完全垄断态势因素对定价的影响

完全垄断是指在一个行业中的某种产品或劳务的生产和销售完全由一个卖主独家经营和控制，没有竞争对手。这种垄断一般有特定条件，如食品垄断企业可能拥有专利权、专营权或特别许可等。由于食品垄断企业控制了进入食品市场的种种要素，所以它能完全控制食品市场价格。从理论上分析，食品垄断企业有完全自由定价的可能，但现实中其价格也受到消费者情绪及政府干预等方面的限制。

（六）其他因素对食品定价的影响

除以上因素外，在食品市场营销实践中，食品企业或产品的形象因素、通货膨胀、政策、法规等也都对食品企业产品的定价产生不同程度的影响。

任务二　食品营销定价方法

一、成本导向定价法

成本导向定价法是企业定价首先需要考虑的方法。以产品单位成本为基本依据，再加上预期利润来确定价格的成本导向定价法，是中外企业最常用、最基本的定价方法之一。成本导向定价法又衍生出了总成本加成定价法、售价加成定价法、目标收益定价法、边际成本定价法、盈亏平衡定价法、收益比较定价法几种具体的定价方法。

（一）盈亏平衡定价法

在销量既定的条件下，企业产品的价格必须达到一定的水平才能做到盈亏平衡、收支相抵。既定的销量就称为盈亏平衡点，这种制定价格的方法就称为盈亏平衡定价法。科学地预测销量和已知固定成本、变动成本是盈亏平衡定价的前提。

在此方法下，为了确定价格可利用如下公式：

$$盈亏平衡点价格 = 固定成本总额 ÷ 销量 + 单位变动成本$$

$$盈亏平衡点销量 = 固定成本总额 ÷ （单位售价 - 单位变动成本）$$

如果产品价格＝盈亏平衡点价格，则企业利润＝0；

如果产品价格＞盈亏平衡点价格，则企业利润＞0；

如果产品价格＜盈亏平衡点价格，则企业利润＜0。

例如：某企业年固定成本为 100000 元，单位产品变动成本为 30 元/件，年产量为 2000件，则该企业盈亏平衡点价格：

$$盈亏平衡点价格 = 100000 ÷ 2000 + 30 = 80 （元）$$

所以，当产品定价高于 80 元/件时，企业是有盈利的，则这样的价格时是可以接受的。

例如：某产品的年固定成本总额为 16 万元，每件产品的变动成本为 45 元，如果订货量分别为 4000 件和 5000 件时，其盈亏平衡点价格各为：

订货量为 4000 件时，盈亏平衡点价格 ＝ 160000 ÷ 4000 + 45 ＝ 85 （元）

订货量为 5000 件时，盈亏平衡点价格 ＝ 160000 ÷ 5000 + 45 ＝ 77 （元）

所以，当订货量为 4000 件时，高于 85 元的价格是可以接受的；当订货为 5000 件时，高于 77 元的价格是可以接受的。

以盈亏平衡点确定价格只能使企业的生产耗费得以补偿，而不能得到收益。因此，在实际中均将盈亏平衡点价格作为价格的最低限度，通常再加上单位产品目标利润后才作为最终市场价格。有时，为了开展价格竞争或应付供过于求的市场格局，企业采用这种定价方式以取得市场竞争的主动权。

（二）总成本加成定价法

在这种定价方法下，把所有为生产某种产品而发生的耗费均计入成本的范围，计算单位产品的变动成本，合理分摊相应的固定成本，再按一定的目标利润率来决定价格。其计算公式：

$$单位产品价格 = 单位产品总成本 × （1 + 目标利润率）$$

$$单位产品总成本 = 单位产品固定成本 + 单位产品变动成本$$

例如：某产品的销售量为 10000 件，总成本为 1000000 元，预期的目标利润率为 20%。则采用总成本加成定价法确定价格的过程如下：

$$单位产品总成本 = 1000000 ÷ 10000 = 100 （元）$$

$$单位产品价格 = 100 × （1 + 20%） = 120 （元/件）$$

例如：某电视机厂生产 2000 台彩色电视机，总固定成本 600 万元，每台彩电的变动成本为 1000 元，确定目标利润率为 25%。则采用总成本加成定价法确定价格的过程如下：

$$单位产品固定成本 = 6000000 \div 2000 = 3000（元）$$

$$单位产品变动成本 = 1000（元）$$

$$单位产品总成本 = 3000 + 1000 = 4000（元）$$

$$单位产品价格 = 4000 \times（1 + 25\%）= 5000（元）$$

采用总成本加成定价法，确定合理的成本利润率是一个关键问题，而成本利润率的确定，必须考虑市场环境、行业特点等多种因素。

总成本加成定价法一般在租赁业、建筑业、服务业以及批发零售企业中得到广泛的应用。

（三）售价加成定价法

售价加成定价法是零售商以售价为基础，按加成百分率计算售价。相同的加成百分率，以成本为基础，则售价较低，以售价为基础则价格较高。计算方法如下：

以售价为基础计算零售价，则：

$$价格 = 进价 \div（1 - 加成率）$$

以成本为基础计算零售价，则：

$$价格 = 进价 \times（1 + 加成率）$$

例如：假设某地一零售超市，经营各类食品，进货成本 30 元/斤，加成百分率为 25%。以售价为基础，计算零售价，则：

$$每件零售价格 = 30 \div（1 - 25\%）= 40（元/斤）$$

以成本为基础，计算零售价，则：

$$每件零售价格 = 30 \times（1 + 25\%）= 37.5（元/斤）$$

可见，以售价为基础与以成本为基础，是不同的定价方法。在制定零售价时，两种方法都可以采用。某些大、中型企业零售价格的计算，习惯上是以售价为基础的加成。

两种方法的加成率一般是根据不同产品的性质、营销费用、竞争程度和市场需求等情况分别制定的。

（四）目标收益定价法

目标收益定价法又称投资收益率定价法，是根据企业的投资总额、预期销量和投资回收期等因素来确定价格的。其计算公式：

$$单位产品价格 =（总成本 + 目标利润额）\div 预期销量$$

$$或单位产品价格 = 单位产品总成本 + 单位产品目标利润额$$

$$目标收益率 = 1 \div 投资回收期 \times 100\%$$

$$目标利润额 = 总投资额 \times 目标收益率$$

$$单位产品目标利润额 = 目标利润额 \div 预期销量$$

例如：假定某产品的预测销售量为 10 万件，总成本是 30 万元，该产品的总投资额是 50 万元，投资目标收益率为 20%。则采用目标收益定价法确定价格的过程如下：

$$目标利润额 = 50 \times 20\% = 10（万元）$$

$$单位产品的价格 =（30 + 10）\div 10 = 4（元/件）$$

（五）边际成本定价法

边际成本是指每增加或减少单位产品所引起的总成本的变化量。由于边际成本与变动成本比较接近，而变动成本的计算更容易一些，所以在定价实务中多用变动成本代替边际成本，而将边际成本定价法称为变动成本定价法。

采用边际成本定价法时是以单位产品变动成本作为定价依据和可接受价格的最低界限。在价格高于变动成本的情况下，企业出售产品的收入除完全补偿变动成本外，尚可用来补偿一部分固定成本，甚至可能提供利润，这样的价格就是企业可以接受的。

其计算公式：

$$单位变动成本＝产品单价－（目标利润+固定成本）÷销售量$$

当产品单价>单位变动成本时，此价格可以接受；

当产品单价<单位变动成本时，此价格不可以接受。

例如：假设某厂生产甲产品 10000 台，固定成本为 120 万元，国内只接到订货 8000 台，售价 1000 元，经核算只够保本。现有一外商洽谈订货 2000 台，要求把价格降到 920 元。试确定该项订货是否可以接受？如果接受利润有何变化？分析过程如下：

$$单位变动成本＝1000-1200000÷8000＝850（元）$$

第二次订货时价格为 920 元，大于单位变动成本 850 元，所以该价格可以接受，即第二次订货可以接受。

$$利润总额＝总销售收入-固定成本总额-变动成本总额$$
$$＝（1000×8000+920×2000）-1200000-850×10000＝140000（元）$$

所以第二次订货可以接受，接受后利润总额变为 140000 元。

边际成本定价法改变了售价低于总成本便拒绝交易的传统做法，在竞争激烈的市场条件下具有极大的定价灵活性，对于有效地对付竞争者，开拓新市场，调节需求的季节差异，形成最优产品组合可以发挥巨大的作用。但是，过低的成本有可能被指控为从事不正当竞争，并招致竞争者的报复，在国际市场则易被进口国认定为"倾销"，产品价格会因"反倾销税"的征收而畸形上升，失去其最初的意义。

二、需求导向定价法

需求导向定价法是以市场需求强度作为定价基础，根据消费者对产品价值的认识和需求的程度来决定价格，而不是根据成本来制定价格。成本导向定价法的逻辑关系：成本+税金+利润＝价格；而需求导向定价法的逻辑关系：价格-税金-利润＝成本。需求导向定价法在具体运用中有以下几种具体方法：

（一）认知价值定价法

认知价值定价法是以顾客对本企业产品的认知价值，而不是以该产品的成本作为定价基础的定价方法。换句话讲，是指企业以消费者对商品价值的理解度为定价依据，运用各种营销策略和手段，影响消费者对商品价值的认知，形成对企业有利的价值观念，再根据商品在消费者心目中的价值来制定价格。

采用认知价值定价法的关键是对买主心目中的认知价值有正确的估计和判断，故企业必须进行市场调查和研究，找到消费者准确的认知价值，以此为根据来制定价格，并且企业有能力通过沟通让消费者感受到这样的价格合乎情理，否则，就会发生定价过高或过低的失误。

（二）反向定价法

反向定价法也称为逆向定价法。企业先确定一个消费者能够接受的最终销售价格，再推算自己从事经营的成本和利润，然后逆向算出中间商的批发价和生产企业的出厂价格。这种定价方法不以实际成本为主要依据，而是以市场需求作为定价的出发点，力求使价格为消费者所接受。这种方法的优点是：价格能反映市场需求状况，有利于加强与中间商的良好关系，定价比较灵活。

三、竞争导向定价法

在竞争十分激烈的市场上，企业通过研究竞争对手的生产条件、服务状况、价格水平等因素，依据自身的竞争实力，参考成本和供求状况来确定商品价格。这种定价方法就是通常所说的竞争导向定价法。竞争导向定价主要包括：

（一）随行就市定价法

随行就市定价法是指企业按照行业的平均现行价格水平来定价，利用这样的价格获取平均报酬。在垄断竞争和完全竞争的市场结构条件下，任何一家企业都无法凭借自己的实力而在市场上取得绝对的优势，为了避免竞争特别是价格竞争带来的损失，大多数企业都采用随行就市定价法。

（二）密封投标定价法

在国内外，许多大宗商品、原材料、成套设备和建筑工程项目的买卖和承包，以及征招生产经营协作单位、出租出售小型企业等，往往采用投标定价法。所谓投标价格是指企业以竞争者可能的报价为基础，兼顾本身应有的利润所确定的价格。一般说来，招标方只有一个，处于相对垄断地位，而投标方有多个，处于相互竞争地位。标的物的价格由参与投标的各个企业在相互独立的条件下来确定。企业经常通过计算期望利润的办法来确定投标价格。所谓期望利润，即某一投标价格所能取得的利润与估计中标可能性的乘积，期望利润最大的投标价格，即为企业最佳的投标报价。

任务三　食品营销定价的技巧

一、食品营销新产品定价技巧

定价技巧一般要随着食品产品生命周期的变化而改变。由于事关新产品的市场前景，处于介绍期的新产品的定价自然是一个十分重要的问题，新产品可分为有专利保护的新产品和仿制的新产品两类，它们的定价技巧各有不同。

（一）高额定价技巧

高额定价技巧，即撇脂定价技巧，为快速取得利润，在新产品投放市场的初期，利用消费者求新、求奇的心理动机和竞争对手较少的有利条件，以高价销售，在短期内获得尽可能多的利润，以后随着产量的扩大、成本的下降、竞争对手的增多，再逐步降低价格。

高额定价技巧的适用条件：产品的质量与高价格要相符一致；要有足够的消费者能够接受这种高价并愿意购买；竞争者在短期内不易打入该产品市场。

（二）渗透定价技巧

渗透定价技巧又称低额定价技巧，与撇脂定价技巧相反，它是在新产品介绍期定较低的价格，以吸引大量消费者，提高市场占有率，实现赢利目标。在食品市场竞争激烈的环境中，采用此技巧有积极的作用，因为定价低，在市场潜力大、竞争者容易渗透的情况下，给予竞争者一个价低利少、无利可图的印象和感觉，从而抑制了竞争者的渗透。

渗透定价技巧的适用条件：目标市场必须对价格敏感，即低价可扩大食品市场，促进销售；生产和分销成本必须能随销售量的扩大而降低。

（三）满意定价技巧

满意定价技巧又称中间定价技巧，是介于高额定价技巧和渗透定价技巧之间的一种中间定价技巧，因价格水平适中，生产者、中间商及消费者各方面都能顺利接受。作为一种中间定价技巧，在新产品刚进入市场的阶段，将价格定在介于高价和低价之间，力求使买卖双方均感满意。一般产品都适宜采取这种定价技巧。

二、食品营销心理定价技巧

心理定价技巧是指充分了解、分析和利用消费者不同的消费心理，在采用科学方法定价的基础上，对价格进行一些灵活的甚至是艺术的调整。

（一）尾数定价技巧

尾数定价技巧是食品企业或者零售商为产品制定一个与整数有一定差额的价格，使消费者产生心理错觉，从而促使购买的一种价格技巧。例如，本应定价一百元的商品，定价99.99元，虽然只低0.01元，却可给买者价廉的感觉。

（二）整数定价技巧

整数定价技巧与尾数定价技巧相反，有的产品不定价为9.8元，而定为十元，同样使消费者产生一种错觉，迎合消费者"便宜无好货，好货不便宜"的心理，以显示产品的高档。

（三）促销定价技巧

有些食品企业利用消费者有"贪便宜"的心理，将某几种产品定低价（低于正常价格甚至低于成本），或利用节庆日和换季时机举行"特价""酬宾大减价"等活动，把部分产品按原价打折出售，以吸引消费者，促进全部产品的销售，如"原价359元的食品，现价299元"。但如果将原价虚增后再打折扣欺骗消费者，应受到法律制裁。

（四）习惯定价技巧

消费者在长期、大量的购买活动中，对某种产品需要支付多少金额会产生牢固的印象，渐渐在购买时形成了一种价格定式。这种价格定式心理对消费者的购买行为有着重要的影响，他们往往从习惯价格中去联想和对比价格的高低涨落，以及产品质量的优劣差异。食品企业对这类产品定价时，要充分考虑消费者的这种心理定式，不可随意变动价格，应比照市场同类产品的价格定价。否则，一旦破坏消费者长期形成的消费习惯，就会使之产生不满情绪，导致购买的转移。

（五）招徕定价技巧

招徕定价技巧包括低价招徕定价和高价招徕定价两种基本形式。一些超市和百货商场利用消费者的求廉或好奇心理，有意将某种或某些产品的价格定低或按变动成本定价，甚至将某些产品的价格定高，高得令人吃惊，以吸引消费者进店。在购买了这些低价或高价产品之后，再购买其他正常价格的产品，消费者会改变以往的消费习惯而提高购物欲望。这是超市扩大销售、增加利润的心理定价技巧。

运用招徕定价技巧应注意以下问题：

1. 合理确定特价的产品

这种食品既要对消费者有一定的吸引力，又不能价值过高，否则大量低价销售会给企业造成较大的损失。

2. 数量要充足，保证供应

否则没有购买到特价产品的消费者会有一种被愚弄的感觉，会严重损害企业形象。

（六）声望定价技巧

一些购买者通过联想与想象，把产品价格与个人的愿望、情感、个性心理结合起来，通过这种比拟来满足购买者心理上的需要或欲望。例如，有的消费者热衷于追求时尚、高档、名牌的产品，以价格的高昂来炫耀自己的富有、能力和社会地位，他们以拥有这类产品而获得心理上的满足。定价时利用这种心理，将有声望的产品制定比市场同类产品高的价格，即为声望定价技巧。

三、食品营销折扣定价技巧

折扣定价技巧是利用各种折扣和让价吸引经销商和消费者，促使他们积极推销或购买本企业产品，从而达到扩大销售、提高市场占有率的目的。这一技巧能增加销售上的灵活性，给经销商和消费者带来利益和好处，因而在现实中经常为食品企业所采用。

（一）数量折扣技巧

数量折扣技巧是指按消费者购买数量的多少给予不同的价格折扣，也是食品企业运用最多的一种价格折扣技巧。数量折扣分为一次折扣和累计折扣两种形式。一次折扣是指按照单项产品一次成交数量或金额的多少，规定不同的价格折扣率，一般适用于能够大量交易的单项产品，用于鼓励买方大批量购买。累计折扣是指在一定时期内购买产品的数量达到一定数量级，或消费金额达到一定数额时给予折扣，折扣的大小与成交数量或金额的多少成正比。

数量折扣技巧一般适用于单位价值较小、品牌复杂、不宜一次大量进货的产品，也适用于大型机器设备和耐用消费品。

（二）功能折扣技巧

功能折扣技巧也称业务折扣，是食品生产厂家给予批发企业和零售企业的折扣，折扣的大小因商业企业在产品流通中的不同功能而异。对批发商来厂进货给予的折扣一般要大些，零售商从厂方进货的折扣低于批发企业。

（三）季节折扣技巧

季节折扣技巧是指食品企业对生产经营的季节性食品，为鼓励买主提早采购，或在淡季采购而给予的一种价格折让。卖方以价格折扣来鼓励买方往淡季购买产品，并向其转让一部分因节约流通费用而带来的利润。

（四）现金折扣技巧

现金折扣技巧是指食品企业为了鼓励购买者尽早付清货款，加速资金周转，规定凡提前付款或在约定时间付款的买主可享受一定的价格折扣。运用现金折扣技巧，可以有效地促使消费者提前付款，从而有助于盘活资金，减少食品企业的利率和风险。折扣大小一般根据付款期间的利率和风险成本等因素确定。

四、食品营销地区定价技巧

地区定价技巧指与地理位置有关的修订价格的技巧。食品企业对于销售给不同地区（包括当地和外地）消费者的某种产品，决定是分别制定不同的价格，还是制定相同的价格。也就是说，食品企业要决定是否制定地区差价。

（一）产地交货价格

产地交货价格，是指卖方按照厂价交货或按产地某种运输工具交货的价格。

（二）买主所在地价格

买主所在地价格是指食品企业负责将产品运到买主所在地，并承担运输费和保险费等费用。

（三）统一交货价格

统一交货价格是指食品企业对于卖给不同地区的顾客的某种产品都按照相同厂价（产地价格）中相同的运费（按平均运费）定价。

（四）区域定价

区域定价是指把产品的销售市场分成几个价格区域，对于不同价格区域的顾客制定不同的价格，实行地区价格。

（五）基点定价

基点定价是指食品企业选定某些城市作为基点，然后按一定的厂价加基点（最靠近顾客所在地的基点）至顾客所在地的运费来定价，而不管货物是从哪个城市起运的。

（六）运费免收定价

运费免收定价是指食品企业替买主负责全部或部分运费。企业采用运费免收定价，一般是为了与购买者加强联系或开拓市场，通过扩大销量来抵补运费开支。

五、食品营销产品组合定价技巧

（一）产品线定价技巧

产品线定价是指对产品线内的不同产品，要根据不同的质量和档次、消费者的不同需求及竞争者产品的情况，确定不同的价格。例如，中秋月饼分别定价 300 元、200 元、100 元，消费者自然会把这 3 种价格的月饼分为高、中、低三个档次进行选购。

运用产品线定价技巧时应注意产品线中不同产品的价差要适应消费者的心理要求，因为价差过大会诱导消费者趋向于某一种低价产品上，价差过小会使消费者无法确定选购目标。

（二）相关产品定价技巧

相关产品，在此处特指互补产品，是指有连带互补关系、必须配套使用才能满足消费者的某种欲望的产品。相关产品定价技巧是食品企业利用价格对消费互补品需求进行调节，全面扩展销售量所采取的定价方式和技巧，操作方法是把价值高而购买频率低的主体产品价格定得低些，再通过提高附带产品的价格来弥补主体产品低价所造成的损失，并获取长期的利益。

（三）捆绑定价技巧

捆绑定价在超级市场上很常见，如几听饮料捆绑在一起销售的价格低于单独购买的价格之和。捆绑定价也可以是不同食品捆绑在一起的定价，如牛奶和面包捆绑在一起销售，价格均低于单独购买的价格之和。捆绑销售给消费者一种优惠的感觉，刺激了消费者的大量购买。

（四）替代产品定价技巧

替代产品是指功能和用途基本相同，消费过程中可以互相替代的产品。替代产品定价技巧是食品企业为达到既定的市场营销目标，有意识地安排企业替代产品之间的关系而采取的定价措施。企业若生产或经营着两种以上有替代关系的产品，这两种产品的市场销量常常表现为此消彼长，而这种增加或减少与商品价格的高低有着十分密切的关系，企业应主动地运用这一规律来实行组合定价技巧。

任务四　食品营销价格调整的策略

一、食品营销降价策略

食品营销降价策略是指食品企业为了适应市场环境和内部条件的变化，把原有产品的价格调低。

（一）降价的时机

食品企业降低价格的时机与原因比较复杂，既有市场方面的因素，又有企业内部的因素，还有社会其他方面的因素，归纳起来大概如下。

1. 考虑竞争对手的价格策略

如果其他竞争企业降低价格，食品企业毫无选择地也要相应降低价格，特别是与竞争者区别不大的产品。

2. 需求富有弹性

需求价格弹性大于1，说明价格下降可以引起需求量的较大幅度增加。在这种情况下，降价可以扩大销售量，增加收益。

3. 产品生命周期即将进入衰退期

由于消费者购买减少，企业需要采用降价方式，力求短期内出清库存，回收资金，而后淡出市场。

4. 经济形势

在通货紧缩的经济形势下，由于货币购买力上升，价格总水平下降，食品企业的产品价格也应降低，与之竞争的替代品价格同时也在降低。

5. 生产能力过剩

食品企业迫切需要扩大销售，但是又不能通过产品的改进和加强等工作来扩大销售，此时企业就必须考虑降低价格，特别是针对季节性产品。

6. 食品企业面临激烈的价格竞争并且市场占有率正在下降

在强大的生存竞争压力下，企业为了增强竞争能力，维持和扩大市场占有率，必须被动降价。例如，彩电市场的价格调整，很多都是出于这种原因。

7. 产品在市场上处于非支配地位

食品企业的成本比竞争者低，但在市场上并未处于支配地位，企图通过降价来提高企业的市场占有率、控制市场，或者希望通过降价来提高市场占有率，从而扩大生产和销售规模，达到进一步降低成本、形成良性循环的目的。

（二）降价的方式

即使食品企业产品具备了必须降价的条件，但因不同产品所处的地位、环境及引起降价的原因不同，食品企业选择的降价方式也各不相同。

1. 改进产品的性能和提高产品的质量的降价方式

在价格不变的情况下，企业产品质量提高、性能改进、功能增加，实际上也就降低了产品本身的价格。例如，保健品等产品的销售就源于这种方式。

2. 增加免费服务项目的降价方式

这种方式是指在价格不变的情况下，厂商增加运输费用支出，实行送货上门，或者免费安装、调试、维修等。这些费用本应该从价格中扣除，实际上也降低了产品的价格。

3. 增大各种折扣的比例和种类的降价方式

食品企业价格策略中往往采用各种折扣策略，如现金折扣、业务折扣、数量折扣。

4. 随产品赠送礼品的降价方式

这种方式是指某种产品价格不变，但购买此产品时，免费赠送其他物品，如玩具、器皿、工艺品等礼品。赠送物品的支出也应从产品价格中补偿，食品企业实际上达到暗中降价的效果。

（三）降价策略应注意的问题

降价看上去很简单，但有的食品企业运用起来可以从中获益，有的却受到损害，正如乔治·斯蒂格勒所说："降价已成为营销战中的一把利剑，它可以克敌，也可能伤己。"

1. 降价要"师出有名"

有一个恰当的理由，即取一个响亮的口号，这样听起来合情合理，叫起来响亮上口，还与产品的卖点与消费者的买点挂钩，这样才能对消费者具有吸引力。

2. 防止渠道中间商挤榨利润

食品企业之所以降价促销，是要把利润直接让给最终的消费者，由他们来获取这部分利润，这样才能起到吸引他们前来购买产品，达到快速聚集消费者、提高销量的目的。但是，实际的操作中经常会发生渠道中间商侵吞吸收食品企业原本要让给消费者的利润，造成食品企业利益受损而没有达到预想的促销效果。

3. 避免降价损害产品形象

当产品的生命周期正处在导入期时，不要随意降价过多，否则会给来年的销售造成巨大的隐患。产品上市前期就忙着降价，势必给消费者形成产品低价形象，等到以后再恢复原价时就会让消费者无法接受。

4. 提防竞争对手反击

由于竞争对手在终端市场竞争非常激烈，此时厂商进行降价促销，极易造成竞争对手反击，所以企业在策划降价时应该考虑如何提防竞争对手反击，预留应对的策略。

二、食品营销提价策略

提价是指在市场营销活动中，食品企业为了适应市场环境和自身内部条件的变化而把原有价格调高。

（一）提价的时机

提价一般会引起消费者和中间商的不满，但在有些情况下，食品企业不得不考虑提高价格。

1. 出于竞争需要

虽然同行业的竞争经常发展成为削价求售的"价格战"，但也有以提价来维持竞争能力的。消费者在专业知识不足的情况下，通常以价格作为衡量产品质量的依据。也就是说，人们习惯于认为产品质量水平与价格成正比，这也说明了提高价格可以提高竞争能力的道理。

2. 为了应付成本上涨

这是产品涨价的主要原因之一，如果食品企业的原材料、工资等费用上升，成本增大，企业无法在内部自我消化，产品继续维持原价，势必妨碍取得合理的收益，甚至影响到再生产的进行。这时企业只有通过提价来转嫁部分负担，减轻成本上涨的压力。

3. 企业产品供不应求

食品企业产品供不应求，顾客会因为该产品短缺而抱怨，甚至哄抬市场价格。这时，可以用提价的方式抑制超前需求，缓解市场压力。

4. 出现通货膨胀

由于通货膨胀，货币贬值，使食品企业产品的市场价格低于产品价值，迫使企业不得不通过上涨价格的方式来减少因货币贬值而造成的损失。

5. 为补偿产品改进费用

由于食品企业通过技术革新提高了产品质量，改进了产品口味，增加了产品的种类，因而使产品在食品市场上的竞争能力大大增强，这时企业提价既可以增加收入，又不会失去顾客。

6. 应对消费者的反应

消费者对于价值高低不同的产品的反应有所不同。他们对于那些价值高、经常购买的产品的价格变动比较敏感，而对于那些价值低、不经常购买的小商品，即使单位价格较高，消费者也不太会注意。此外，消费者虽然关心产品价格的变动，但是更关心取得、使用和维修产品的总费用。因此，如果企业能使消费者相信某种产品取得、使用和维修的总费用较低，那么它就可以把这种产品的价格定得比竞争者高，以取得较多的利润。

7. 出于策略的需要

有的食品企业产品涨价，并非因为前面几个原因，而是由于策略的需要。企业将产品价格提高到同类产品价格之上，使消费者感到该产品是以质取胜的，使产品在市场上显示为"高档产品"的形象。

（二）提价的方式

1. 运用分项定价提价

这是指企业为了保持产品的价格，把产品进行分解，按每个零部件或构件定价分别出售。

2. 运用减少折扣提价

这是指企业减少常用的现金折扣和数量折扣以达到提价的目的。

3. 运用提高产品质量提价

为了减少消费者因涨价感受到的压力，食品企业在产品质量上应多下功夫，如改进原产品，新设计同类产品，在产品口味、规格、包装等方面给消费者更多的选择机会，使消费者认识到，企业在提供更好的产品，索取高价是应该的。

4. 运用增加产品含量提价

这是指涨价的同时，增加产品供应分量，使消费者感到：产品分量增多了，价格自然要上涨。

5. 运用附送赠品或优待提价

涨价时，以不影响企业正常的收益为前提，随产品赠送一点小礼物，提供某些特殊优待，如买一赠一、有奖销售等。这种方式在零售商店最常见。

6. 运用采用延缓报价提价

这是指食品企业决定到产品制成或者到交货时才制定最终价格。

7. 运用使用价格自动调整条款提价

这是指企业要求消费者按当时的价格付款，并且支付交货前由于通货膨胀引起增长的全部或部分费用。

8. 运用公开真实成本直接提高产品价格提价

这是指食品企业通过公共关系、广告宣传等方式，在消费者认识的范围内，把产品的各项成本上涨情况真实地告诉消费者，以获得消费者的理解，使涨价在没有或较少有抵触的情况下进行。但是，有的食品企业趁成本上涨之机，过分夸大成本上涨的幅度，从而过高地提高产品价格，这种做法容易引起消费者的反感。

（三）运用提价策略应注意的问题

（1）事前给提价一个合理的解释。

（2）学会使用不引人注目的提价策略，如取消现金折扣、销售折扣、限量供应、消减产量，并搭配销售一些低利润的产品，对以前的免费服务进行收费。

（3）采用合同或投标条款调整价格，这种方法能够使食品企业按以前的规定主动涨价。

三、分析消费者对食品企业调价的反应

毫无疑问，消费者对食品企业调价的反应将直接影响产品的销售状况。也就是说，消费者对价格调整的反应是检验调价是否成功的主要标准。分析消费者对调价的反应主要从两个方面入手。

（一）分析消费者的购买量是否增加

食品企业对产品调价后，消费者购买量的变化是最直观的观察指标。购买量明显增大，说明食品企业调价策略效果明显；消费者购买量没有大幅度的变化，说明食品企业的调价策略没有奏效或效果出现迟滞；消费者购买量出现明显减少，说明食品企业调价策略不但没有达到预期成果，反而出现了负面作用，需要及时加以调整。

（二）了解和研究消费者的心理变化

了解消费者如何理解调价，以便采取有效措施。当食品企业降价时，消费者做出的有利的反应是认为企业让利于消费者。不利反应则是产品可能要为新产品所替代；该产品存在缺陷，销售不畅；企业财务困难，难以在行业中继续经营下去；预期价格还会进一步下降，持币待购；产品的质量有所下降等。

当企业提价时，消费者做出的有利反应是认为企业产品质量好，代表不同寻常的高价值；价格自然高或认为这种产品很畅销，供不应求，以后价格可能还要涨，应及早购买，甚至举债消费。他们做出的不利反应是认为企业很贪心，要从消费者身上获取更多的利润，乱涨价等。

四、分析市场竞争者对食品企业调价的反应

市场竞争者对食品企业的产品价格的反应是食品企业调整价格时要考虑的重要因素。特别是当某一行业的企业较少，又提供同质可替代产品，而购买者又有相当的辨别能力且了解市场情况时，分析市场竞争者的反应就特别重要。

（一）分析相向式反应

你提价他也涨价；你降价他也降价。这样一致的行为，对食品企业影响不太大，不会导致严重后果。食品企业坚持合理营销策略，不会失掉市场和减少市场份额。

（二）分析逆向式反应

你提价，他降价或维持原价不变；你降价，他提价维持原价不变。这种相互冲突的行为，影响很严重，竞争者的目的也十分清楚，就是趁机争夺市场。对此，食品企业要进行调查分析，首先要摸清竞争者的具体目的，其次要估计竞争者的实力，最后要了解市场的竞争格局。

（三）分析交叉式反应

众多竞争者对企业调价反应不一，有相向的、有逆向的、有不变的，情况错综复杂，食品企业在不得不进行价格调整时应注意提高产品质量并加强广告宣传、保持分销渠道畅通等。

五、分析食品企业对竞争者调价的反应

在市场竞争中，如果竞争对手率先调整了价格，那么食品企业也要采取相应的对策。

（一）食品企业在做出反应之前，首先要考虑的问题

（1）竞争对手为什么要变动价格。它是为了抢占市场，还是生产能力过剩；是因为成本发生变动，还是想领导全行业价格变动。

（2）竞争对手意欲暂时变价还是永久变价，能否持久。

（3）如果企业对竞争对手变价视而不见，将会对企业的市场占有率和利润有何影响，其他同类企业是否会做出反应。

（4）竞争对手和其他同类企业对于本公司的每一种可能的反应会有什么举措。

（二）应付竞争者调价的对策

1. 维持原价

如果竞争者降价的幅度较小，本企业的市场份额不会失去太多，则保持原有的价格不变。

2. 维持原价，并采取非价格手段进行反击

保持原有价格不变，食品企业可改进产品质量、增加服务项目、加强沟通等这比单纯降价更有竞争力。

3. 跟随降价，保障原有的竞争格局

如果不降价会导致市场份额的大幅下降，而要恢复原有的市场份额将付出更大的代价时，企业应考虑采取这一对策，跟随降价。

4. 提价并推出新品牌来围攻竞争对手的降价品牌

这将贬低竞争对手降价的产品，同时提升企业产品的形象，不失为一种有效的价格竞争手段。

5. 推出更廉价的产品进行反击

企业可以在市场占有率正在下降、对价格很敏感的细分市场上采用这种策略，但应避免出现恶性价格竞争，导致两败俱伤。

复习思考题

1. 影响食品定价的因素有哪些?
2. 请简述成本导向定价法、需求导向定价法、竞争导向定价法的异同。
3. 请简述食品定价技巧都有哪些?
4. 请简述食品调价策略有哪些?

思政小课堂

项目九 食品市场营销管理

任务一 食品营销管理

一、食品营销管理的实质

食品营销管理是在食品企业营销战略的指导下，通过分析、计划、实施和控制，谋求创造、建立及保持食品企业与目标消费群之间互利的交换，以达到食品企业营销战略的目标。

在普通大众的心中，营销管理者的工作就是刺激消费者对企业产品的需求，以便尽量扩大销售量和市场占有率。事实上，营销管理者的工作不仅是刺激和扩大需求，还包括调整、缩减和抵制需求，这要依据需求的具体情况而定。食品营销管理的任务，就是调整食品市场的需求水平、需求时间和需求特点，使供求之间相互协调，实现互利的交换，达到食品企业的营销目标。因此，现代食品营销管理实质上是对食品消费的需求管理。

二、食品营销管理的类型

不同的食品需求状况有不同的食品营销任务。根据食品需求状况和食品营销任务的不同，食品营销管理可分为 8 种类型。

（一）维护型食品营销管理

在需求饱和的情况下，应实行维护型食品营销。需求饱和是指当前的食品需求在数量和时间上同预期食品需求已达到一致。这时维护性食品营销管理的任务是设法维护现有的销售水平，防止出现下降趋势。主要策略是培养忠诚顾客、保持合理的售价、稳定推销人员和代理商、严格控制成本费用等。

（二）限制型食品营销管理

当某产品或服务需求过剩时，应实行限制型食品营销。例如，对音乐厅的听众，应实行限制型食品营销。限制型食品营销管理的任务就是长期或暂时地限制市场对某种产品或服务的需求，通常可采取提高价格、减少服务项目和供应网点、劝导节约等措施。实行这些措施难免要遭到反对，营销者要有思想准备。

（三）抵制型食品营销管理

抵制型食品营销是针对有害食品需求实行的。有些产品或服务对食品消费者、社会公众或供应者有害无益，对这种产品或服务的食品需求就是有害需求。抵制型食品营销管理的任务是抵制和清除这种需求，实行抵制型食品营销或禁售。抵制型食品营销与限制型食品营销不同，限制型食品营销是限制过多的需求，而不是否定产品或服务本身；抵制型食品营销则是强调产品或服务本身的有害性，从而抵制这种产品或服务的生产和经营。例如，对假冒伪劣食品、受污染的食品等，就必须采取抵制措施。

（四）扭转型食品营销管理

扭转型食品营销是针对负需求实行的，负需求是指全部或大部分潜在消费者对某种产品或服务不仅没有需求，甚至厌恶。例如，素食主义者对所有肉类有负需求。针对这类情况，扭转型食品营销管理的任务是扭转人们的抵制态度，使负需求变为正需求。营销者首先必须了解这种负需求产生的原因，然后对症下药，采取适当的措施来扭转。

（五）刺激型食品营销管理

刺激型食品营销是在无需求的情况下实行的。无需求是指市场对某种产品或服务既无负需求也无正需求，只是漠不关心，没有兴趣。无需求通常是因为消费者对新产品或新的服务项目不知道或不了解，或者新产品是非生活必需品等。因此，刺激型食品营销管理的任务是设法引起食品消费者的兴趣，刺激需求，使无需求逐步变为有需求。

（六）开发型食品营销管理

开发型食品营销是与潜在食品需求相联系的。潜在需求是指多数消费者对现实市场上还不存在的某产品或服务的强烈需求。因此，开发型食品营销管理的任务是努力开发新产品，设法提供能满足消费者潜在食品需求的产品或服务，将潜在食品需求变成现实需求，以获得极大的市场占有率。

（七）恢复型食品营销管理

恢复型食品营销管理的任务是设法使已衰退的需求重新兴起，使人们已经冷淡下去的兴趣得以恢复。实行恢复型食品营销的前提是处于衰退期的产品或服务有出现新的生命周期的可能性，否则将劳而无功。

（八）同步型食品营销管理

许多产品和服务的需求是不规则的，即在不同时间、不同季节其需求量不同，因而与供给量不协调，如冷饮等产品会有这种情况。因此，同步型食品营销管理的任务是设法调节需求与供给的矛盾，使二者协调同步。

三、食品营销战略

(一) 食品营销战略的概念

食品营销战略是食品企业在复杂的市场环境中，为实现特定的食品营销目标而设计的长期、稳定的行动方案，形成指导企业食品营销全局的奋斗目标和经营方针。一个没有战略的企业，犹如一只没有舵的船，只能在水里兜圈子，永远不可能前进。正确地制定食品营销战略，对提高食品企业的市场竞争能力具有十分重要的意义。

(二) 食品营销战略的特征

1. 纲领性

食品营销战略中所规定的战略目标、战略重点、战略对策等都属于方向性、原则性的，是食品企业营销发展的纲领，对食品企业具体的营销活动具有权威的指导作用。营销战略是食品企业领导者对重大营销问题的决策，是食品企业营销发展过程的"指路明灯"。纲领性是指营销战略的"统帅"作用。

2. 竞争性

食品营销战略是指导食品企业如何在激烈的市场竞争中与竞争对手抗衡，如何迎接来自各方面的冲击、压力、威胁和困难。竞争性是指营销战略实施过程中的激烈竞争。

3. 应变性

食品营销战略应根据食品企业外部环境和内部条件的变化，适时加以调整，以适应变化。应变性是指要适时地对营销战略进行适当的调整。

4. 相对稳定性

食品营销战略必须在一定时期内具有稳定性，才能在食品企业营销实践中具有指导意义。由于食品企业营销实践活动是一个动态的过程，指导食品企业营销活动的战略也应该是动态的，以适应外部环境的多变性，所以企业食品营销战略的稳定性是相对的稳定性。稳定性是指营销战略必须保持相对的稳定，不能朝令夕改。

5. 全局性

食品营销战略是以食品企业全局和营销活动的发展规律为研究对象，为指导整个企业营销发展全过程而制定的。它规定的是营销总体活动，追求的是企业营销总体效果，着眼点是营销总体的发展。全局性表示营销战略的地位、重要性及范围。

6. 长远性

食品营销战略是对食品企业未来较长时期（一般是 5 年以上）的营销发展或营销活动的谋划，因此，它着眼于未来。在分析外部环境变异性和内部条件适应性的基础上，谋求食品企业的长远发展，关注的主要是食品企业的长远利益，其实质是高瞻远瞩、深谋远虑、立足长远、兼顾当前。

(三) 食品营销战略的类型

1. 稳定战略

稳定战略，又称防御型战略，是以保持原有的业务经营水平为主要目标的一种战略。食品企业通过详细地分析市场环境和内部条件，如果发现业务的增长面临困难，即使投入大量资金并对食品企业的各项资源进行有效的配置，仍然难以为食品企业的业务增长找到与之相匹配的市场机会时，则可以采用这种战略，维持现有的业务经营水平或求得较少的增长。稳定战略又包括两种基本类型，即积极防御战略和消极防御战略。前者以积极的态度积蓄力量，对抗竞争者的攻击；后者则一味回避竞争，力图维护企业的现状。

2. 发展战略

发展战略是指食品企业在现有市场基础上开发新的目标市场的一种战略，食品企业可供选择的发展战略包括 3 种基本类型。

（1）一体化发展战略。运用一体化发展战略的条件是食品企业面临的行业很有发展前途，而且食品企业在供、产、销等方面实行一体化能提高发展效率，加强控制，扩大销售，增加利润，从而提高经济运行效率。

（2）多元化发展战略。这是食品企业尽量增加产品种类，实行跨行业生产经营多种产品和业务的一种战略。如果企业所在行业缺乏有利的市场机会，或者其他行业具有更大的吸引力，可以实行多元化发展战略。

（3）密集性发展战略。当食品企业现有的产品和现有的市场还有发展力，而且食品企业尚未完全开发出潜在产品和市场机会，则要采取密集性发展战略。

3. 收割战略

收割战略也称缩减战略，是以短期利润为目标的一种营销战略。战略决策者考虑的不是某种产品或业务未来的长期发展，而是如何增加产品短期的投资收益率，以谋求尽可能多的现金收入。采取这一策略的原因主要有：食品企业现有产品或业务组合中的某个或某几个的状况不佳，且已无发展潜力，企业通过大幅度缩减其投资，用某些短期性的营销行为来谋求短期利益，以便于优化食品企业现有的产品组合，促进食品企业的不断发展。

4. 撤退战略

撤退战略是将现有产品或业务从现有市场退出的一种战略。如果某项业务已经没有增长潜力，或者从事这项业务会妨碍企业进一步增加利润，可以考虑采用这种战略。撤退战略通常有 3 种类型。

（1）临时性撤退。产品销售不佳，食品企业暂时停止经营，待查明原因对产品进行改进后，再生产，投放市场，争取赢得用户的欢迎。

（2）转移性撤退。市场上往往有这样一种情况：在甲地滞销的产品，在乙地却十分畅销。此种情形下，企业可能从原市场退出，去开发其他吸引力较强的新市场，这就是转移性撤退。企业放弃原经营方向，转向生产经营其他范围的产品（或业务），这也是转移性撤退战略。

（3）彻底性撤退。彻底性撤退是指食品企业针对处于衰退期的老产品，或是刚上市但已表明"不对路"而过早夭折的新产品，果断采取退出市场的战略。

任务二　制定食品营销计划

一、食品营销计划

（一）食品营销计划的概念

食品营销计划是食品企业及各业务单位在对企业营销环境进行调研分析的基础上，为实现营销目标所采取的策略、措施和步骤的明确规定和详细说明。

一般情况下，营销计划一旦制定，就应保持其相对稳定性，这样有利于执行者充分利用所掌握的有限资源，富有成效地开展工作并且顺利地完成营销目标。但是，应当注意营销计划也不是一成不变的。在营销活动期内，与营销目标有关的一些因素可能会发生巨大的变化，这足以使计划本身失去效用。因此，对于已制定的营销计划，应随时根据营销活动变化的实际情况进行调整和修订，使营销计划保持有效性。

（二）食品营销计划与食品营销战略的关系

食品营销计划是食品企业的战术计划，食品营销战略对企业而言是"做正确的事"，而食品营销计划则是"正确地做事"。在食品企业的实际经营过程中，营销计划往往碰到无法有效执行的情况，一种情况是食品营销战略不正确，食品营销计划只能是"雪上加霜"，加速食品企业的衰败；另一种情况是食品营销计划无法贯彻落实，不能将食品营销战略转化为有效的战术。食品营销计划充分发挥作用的基础是正确的战略，一个完美的战略可以不必依靠完美的战术；从另一个角度看，营销计划的正确执行可以创造完美的战术，完美的战术则可以弥补战略的欠缺，还能在一定程度上转化为战略。

（三）食品营销计划的类型

1. 按计划时期的长短划分

（1）短期计划。期限通常为 1 年，如年度计划。

（2）中期计划。期限 1~5 年。

（3）长期计划。期限一般 5 年以上，主要是确定未来发展方向和奋斗目标的纲领性计划。

2. 按计划涉及的范围划分

（1）总体营销计划：是指企业营销活动的全面、综合性计划。

（2）专项营销计划：是针对某一产品或特殊问题而制定的计划，如品牌计划、渠道计划、促销计划、定价计划等。

3. 按计划的程度划分

（1）作业计划：是指各项营销活动的具体执行性计划，例如，一项促销活动，需要对活动的目的、时间、地点、活动方式、费用预算等作策划。

（2）策略计划：是指对营销活动某一方面而制定的计划。

（3）战略性计划：是指对企业将在未来市场占有的地位及采取的措施而制定的计划。

二、运用编制食品营销计划的操作程序

（一）分析营销状况

1. 分析产品状况

列出企业产品组合中每一个品种近年来的销售价格、市场占有率、成本、费用、利润率等方面的数据。

2. 分析市场状况

列举目标市场的规模及其成长性的有关数据、顾客的需求状况等，例如，目标市场近年来的年销售量及其增长情况、在整个市场中所占的比例等。

3. 分析竞争状况

识别出企业的主要竞争者，并列举竞争者的规模、目标、市场份额、产品质量、价格、营销战略及其他的有关特征，以了解竞争者的意图、行为，判断竞争者的变化趋势。

4. 分析分销状况

描述公司产品所选择的分销渠道的类型及其在各种分销渠道上的销售数量，例如，某产品在百货商店、专业商店、折扣商店等各种渠道上的分配比例等。

5. 分析宏观环境状况

主要对宏观环境的状况及其主要发展趋势做出简要的介绍，包括人口环境、经济环境、技术环境、政治法律环境、社会文化环境，从中判断某种产品的命运。

（二）分析机会与威胁、优势与劣势

首先，对计划期内企业食品营销所面临的主要机会和风险进行分析，再对企业食品营销资源的优势和劣势进行系统分析。在机会与风险、优劣势分析基础上，企业可以确定在该计划中所必须注意的主要问题。

（三）确立食品营销目标

对机会、威胁、优势、劣势分析的结果是确定食品营销要解决的主要问题，即拟定食品营销目标。目标是食品营销计划的核心，是制定下一步具体食品营销策略和行动方案的基础。食品营销目标包括：财务目标，即期利润指标、长期的投资收益率等；营销目标，主要是销售额、市场占有率、目标利润率及有关广告效果、分销网点、定价等方面的具体目标。所有目标都应以定量的形式表达，并具有可行性、一致性，能够分层次地加以说明。

（四）制定食品营销策略

拟定企业将采用的食品营销策略，包括目标市场、产品市场定位、食品营销组合策略等。

（五）制定食品营销行动方案

对各种食品营销策略的实施制定详细的行动方案，即阐述以下问题：将做什么？何时开始？何时完成？谁来做？成本是多少？整个行动计划可以列表加以说明，即为未来实际行动的计划。表中具体说明每一时期应执行和完成的活动时间安排、任务要求和费用开支等，使整个食品营销战略落实于行动，并能循序渐进地贯彻执行。

（六）编制食品营销预算方案

根据食品营销行动方案还要编制相应的预算方案，表现为预计损益表。在收益的一方要说明预计的销售量及平均实现价格，预计销售收入总额；在支出的一方要说明生产成本、实体分销成本和营销费用，以及再细分的明细支出，预计支出总额；最后得出预计利润，即收入和支出的差额。企业的业务单位编制出食品营销预算后，送上层主管审批，经批准后，该预算就是材料采购、生产调度、劳动人事及各项营销活动的依据。

（七）进行食品营销计划控制

食品营销计划控制是指对食品营销计划执行进行检查和控制，用以监督计划的进程。为便于监督检查，具体做法是将计划规定的食品营销目标和预算按月或按季分别制定，食品营销主管每期都要审查食品营销各部门的业务实绩，检查是否完成了预期的食品营销目标。凡未完成计划的部门，应分析问题原因，并提出改进措施，以争取完成预期目标，使企业食品营销计划的目标任务都能落实。

任务三　食品营销的组织与实施

一、食品营销组织的含义

食品营销组织是指企业内部涉及企业营销活动的各个职位、部门及其相互关系的结构。理解这一概念必须注意两个问题：并非所有的食品营销活动都发生在同一个组织岗位，即凡是有食品营销活动的组织机构都属于食品营销组织；不同食品企业对其经营管理活动的划分是不同的，但一个食品营销组织的目标应该是一致的。个别合作社化或集团化的食品营销组织或许所有的业务都做，其在大组织中应该区分不同功能的小组织，以各司其职，有条不紊地开展业务。判断食品营销组织的好坏主要是指人的素质，而不单单是组织结构的设计。

二、食品营销组织的目标

（一）使食品营销效率最大化

为避免各部门间的矛盾和冲突，食品营销组织要充分发挥其协调和控制的职能，确定各自的权利和义务。

（二）对食品需求做出快速反应

了解到食品变化后，食品营销人员必须迅速做出积极的反应，涉及的范围包括整个食品营销活动，从新产品开发到价格确定乃至包装都要做出相应的调整。

（三）代表并维护消费者利益

食品营销组织一旦奉行现代食品营销观念，就要把消费者放在第一位。这里主要由食品营销组织承担这项职责，以确保消费者的利益不致受到侵害。食品营销组织的任务就是在明确营销目标的基础上，根据人员、环境和任务的具体要求，进行工作任务的分类和相应部门、职务结构的设计，并通过组织内信息沟通、协调和配合提高组织工作的效率，使整个食品营销组织结构成为一个严密而有活力的整体，以保证企业营销目标的顺利实现。

（四）组织评价与调整

任何组织都不可能尽善尽美和一成不变，组织内部之间、组织和组织外部之间总会不同程度地存在着各种摩擦和冲突。因此，从食品营销组织建立之时，食品营销管理人员就要经常检查、监督组织的运行状况，并及时加以调整，使之不断得到发展。

三、食品营销组织应具有的特征

（一）系统性

现代食品中的营销活动是一种全方位的活动，它不仅是营销人员与顾客达成商品成交的简单行为，在这种成交行为的背后，还需做大量的售前、售后工作。这些工作涉及企业的各个方面，需要各个部门的支持和配合，食品营销部门通过协调和促进各职能部门的活动均以顾客为基础和出发点，来制定策略、计划，并通过从整体上满足消费者的需要，从而实现企业利润目标。

（二）人员的差异性

食品营销人员和销售人员是两种不同的群体，尽管食品营销人员很多来自销售人员，但并不是所有销售人员都能成为食品营销人员，从专业性来说，食品营销的任务是寻找和确定食品机会、准备食品营销策略，并计划组织新产品进入，使销售活动达到预定目标；而销售的任务则是负责实施新产品进入和销售活动。

（三）灵活性

一个良好的食品营销组织，必须具有一定的机动灵活性，能适应内外部经营环境的变化而不断调整自身的运行状态。食品是多变的，影响企业经营的因素又是多样的，企业营销组织就必须根据食品需求的变动情况，把握经营环境各要素变动的脉搏，并对这种变动可能给企业带来的影响做出明确的判断，从而适当地调整自身系统的运行规则，使之符合环境的要求。

（四）开放性

由于企业营销任务的完成并不仅仅取决于营销人员的业务素质，还取决于企业对预测未来的信息视野宽度和为准备营销方案而收集数据的活动视野的广度。企业营销组织必须是一个开放性的系统，能及时吸收环境信息和扩散企业信息，并处于动态交换状况。不断地与外界进行材料和信息的交换，使企业营销系统不断地调整、完善和发展。

但是，不论哪种情况，企业配备组织人员必须为每个职位制定详细的工作说明书，从受教育程度、工作经验、个性特征及身体状况等方面进行全面考察。而对再造组织来说，还必须重新考核现有员工的水平，以确定他们在组织中的职位。

四、食品营销的实施

（一）食品营销实施的意义

营销实施是指将营销计划付诸实施，使其转化为任务和行动，以实现营销计划所追求的目标的过程。有关营销实施的一个积极的看法是，营销实施必须引起足够的重视，它不仅仅是营销计划的落实，而且是营销计划的完善和发展。公司可能有一个好的营销计划，也可能有一个不好的营销计划。好的或不好的营销计划可能被很好地实施，也可能不被很好地实施。因此营销计划和实施的相互影响将产生4种结果：成功、摇摆、艰难和失败。

（二）营销实施的模式

1. 指挥型

企业领导人或者自己制定战略计划，或者指示战略计划人员去决定企业所要采取的战略行动。他们通常运用严密的逻辑分析方法，如份额增长矩阵、产业与竞争分析等，以寻求一个最佳战略计划。一旦得到一个满意的计划方案，企业领导人便将其布置给高层管理人员，高层管理人员便让基层管理人员去实施。

2. 变革型

与指挥型模式相反，在变革型模式中，企业领导人考虑的是如何实施一个既定计划。他把重点放在一系列变革上，为此他要借助于权力或各方面的支持帮助，对企业进行改造，以增加战略成功的机会。

企业领导人为有效地实施营销计划，往往会发动以下变革：

（1）变更人事。调整组织机构，利用新的组织体系向公司员工传达新计划的优点和重点，把企业的注意力集中到新的战略努力上来。

（2）改进业务组合。建立新的信息系统、战略规划系统、战略评价系统和控制系统，以保证营销计划的实施。

（3）启用新的激励手段。充分调动企业员工的积极性，以支持营销计划的实施。

3. 合作型

在合作型模式中，企业领导人考虑的是如何让其他高层管理人员共同对企业战略问题进行研究，使每一种设想都得到充分探讨与论证。在此基础上形成的营销实施方案，将使每一个高层管理人员都有可能在其实施过程中做出各自的贡献。

4. 文化型

将合作型的合作范围扩大到企业全体员工，就得到文化型的营销实施模式。在该模式中，高层管理人员的角色只是指引总的战略努力方向，而在实施层则放手让每个人做出自己的决策。文化型模式打破了计划制定者与实施者的界限，使每一个职工都或多或少地投身于营销计划的制定与实施，从而使营销计划得以顺利实施。在企业面临重大的或彻底的战略变化时，采用这种营销实施模式风险较小，企业发展迅速。

5. 增长型

在前面4种模式中，营销计划的制定与实施是自上而下地推行；而在增长型模式中，营销计划是自下而上地形成和实施的。增长型模式的特点是，企业高层管理人员多方面激励中下层管理人员制定及实施企业营销计划的积极性，为企业效益的增长而奋斗。

五、影响营销实施的要素

良好的实施实际上很难得，只有很少的公司能够做得很优秀。广大食品销售企业在战略上"缺乏实施系统强有力的支持"，表现为没有周到可行的战役行动计划与良好的战术方案等，而这又是由于战略领导层对实施组织不力造成的。

实施的困难表明它受到许多复杂因素的影响。首先是公司的营销战略变化会影响实施的结果。有些战略计划只要求公司做微小的改变，有些则要求公司有很大的变化。对这些计划，实施的难度很不一样，结果也不一样。可能有以下5种营销战略变化出现在管理者面前。

（一）零战略变化

如果新的战略计划只是原有战略计划的翻版，是上一个计划期内已实施过的战略，公司就不需要新的技能。它只要保证每项活动都按旧的模式进行，就能获得预期实施效果。公司在上一个计划期所获得的经验曲线效应，会使公司以最小的代价顺利地实现战略使命和目标。这是营销战略变化中最小变化的一种。不过原有战略计划是否与当前的营销环境及企业资源相适应是一个必须考虑的前提。

（二）常规战略变化

如果新的战略计划是要在原有食品上吸引更多的顾客，或者确定、调整公司的食品定位，就会给公司带来常规性的战略变化。这时公司需要对正常的、基本的营销努力做出某些调整，例如改进产品的外观和包装，采用新的定价政策、改变分销方式、推出新的广告等。这种战略变化不至于给公司造成大的冲击，但是管理者仍应具备驾驭常规变革的能力。

（三）有限战略变化

公司打算在原有业务基础上开拓新食品，就需要对原有业务做出局部改变。这样的战略计划将导致有限战略变化。由于业务创新的方式较多，战略变化的形式也较多。一般来说，如果只是改进产品的形式，则不需要在生产和营销上做出很大的改变；但是如果产品改进中含有高新技术，就会对战略计划的实施带来新的复杂的问题，而实施的效果则取决于管理者的远见卓识和胆略。

（四）重大战略变化

当企业的基本业务以及组织结构步入重新组合阶段时，会发生重大战略变化。有两种情况较常见：一种是在同一产业内各企业之间进行联合或兼并时发生的，由于新的联合体不仅要面对新的业务和产品，而且要解决如何建立新的组织结构、形成新的企业文化等问题，使得战略变化非常复杂。另一种发生在企业自身遭遇重大变故时，例如，在多元化经营的企业中，如果管理层对下属业务单位动大手术推动联合或出售，其战略变化就十分明显。在这两种情况下，重大战略变化都是对管理者的重大考验。

（五）彻底战略变化

如果企业改变自己的业务领域，从而改变自己的经营方向，就会发生彻底战略变化。这种变化也有两种情况：一种是不同产业之间的企业进行联合或兼并时发生的，这时战略变化的程度取决于各产业之间关键性因素的差异化程度，以及新企业实行集权管理的程度；另一种发生在企业从原产业中脱离出来，转移到一个新产业中去的时候。由于战略变化是彻底的，计划实施遇到的挑战也是空前的。

任务四　食品营销控制

一、食品营销控制的概念

食品营销控制是指企业的管理者对食品营销计划实施情况和效果进行检查与评估，了解计划与实际是否一致，找出两者之间的偏离及造成偏离的原因，并采取修正措施以确保食品营销计划的有效执行。例如，一个公司为了达到一定的市场份额，规定了顾客渗透率必须在60%以上，在检查过程中，公司如果发现顾客渗透率为55%，就应进一步调查为什么会失去一些顾客，并采取相应的措施。在这个例子中，对市场渗透率进行控制检查的目的是实现食品营销目标，为实现食品营销目标所采取的各种调整措施就是控制活动。

二、食品营销控制的操作程序

（一）确定控制对象

确定控制对象即确定对哪些食品营销活动进行控制。如果企业施行控制的范围广，可获得更多的信息，有利于食品营销管理。但任何控制活动都需要一些费用，所以在决定控制对象时，应当权衡利弊，使控制成本小于控制活动所带来的效益。

食品营销控制的对象包括销售收入、销售成本和销售利润3个方面。其他如市场调查的效果、新产品开发、销售人员的工作效率、广告效果等营销活动也应该通过控制加以评价。所以，企业可以根据实际情况对控制对象加以选择，同时还应确定控制的量，即控制频率。因为不同的控制对象对企业营销成功的重要作用不同，应该有不同的控制频率。一般来说，对于影响重大的、容易脱离控制或容易出现问题的对象应提高控制频率。

（二）确定衡量标准

一般情况下，企业的食品营销目标就可以作为食品营销控制的衡量标准，如销售额指标、销售增长率、利润率、市场占有率等。进行食品营销过程控制时，问题则比较复杂，需要建立一套相关的标准。例如，控制过程中，可能要将一个长期目标转化为各个时期的阶段目标，将战略目标分解为各个战术目标等。由于各企业的具体情况不同、食品营销目标不同，食品营销控制的衡量标准也各不相同。

（三）确定控制标准

控制标准是对衡量标准的定量化，即以某种衡量尺度表示控制对象的预期活动范围或可接受的活动范围。例如，规定每个营销员每年必须增加30名新客户，规定营销员每次访问顾客的费用标准等。企业制定的控制标准一般应该允许有一定的浮动范围，不可绝对化。同时，应注意因地制宜、因时制宜、因人而异。以建立营销员的绩效标准为例，要充分考虑到个人之间的差别。为了激发营销员的工作热情，可实行两个标准：一个是基本标准，是必须完成的；另一个是奖励标准，达到这个标准必须付出较大的努力，因此能获得相应的奖励。

应该指出的是，任何标准都不是一成不变的。随着食品营销环境及企业内部条件的变化，各类标准也应不断修正，以适应新的情况。

（四）确定检查方法

确立了控制标准后，就要把控制标准与实际结果进行比较。检查的方法有很多种，如直接观察法、统计法、访问法和问卷调查法等，可根据实际需要进行选择。此外，企业营销信息系统提供的各种信息也可以用来作为检查对照的依据。

任何检查都是在一定的频率和范围下进行的。频率是指检查的时间间隔有多长，这主要取决于控制对象是否经常变动。范围取决于是将全面情况同计划进行对照比较，还是进行局部的、单项的检查，这要根据需要进行抉择。

（五）分析偏差原因

执行结果与计划发生偏差的情况是经常出现的，原因不外乎有两种：一种是实际过程中的问题，这种偏差较容易分析；另一种是计划本身的问题。这两种原因经常是交织在一起的，这加大了问题的复杂性，致使分析偏差原因成为营销控制的一个难点。

要确定产生偏差的原因，就必须深入了解情况，收集尽可能多的相关资料，从中找出问题的症结。例如，某部门没有完成计划，可能只是某种产品的亏损影响了整个部门的赢利或推销率不高，也可能是推销员的组织结构不尽合理。如果是由于定额太高，则应适当降低。

（六）采取改正措施

针对存在的问题，应提出相应的改进措施，提高工作效率。这是食品营销控制的最后一个程序。采取改正措施宜抓紧时间。有的企业在制订计划的同时还提出应急措施，在实施过程中一旦发生偏差则可以及时补救。很多企业事先没有制定措施，这就必须根据实际情况迅速制定补救措施并加以改进，以保证计划目标的顺利实现。

复习思考题

1. 食品营销管理的实质是什么？
2. 什么是食品营销计划和食品营销组织？
3. 食品营销实施的要素有哪些？
4. 什么是食品营销控制？简述食品营销控制的操作程序。

思政小课堂

项目十 食品网络营销策划

学习目标：
1. 掌握：网络营销的内涵。
2. 熟悉：网络营销的职能；网络营销的方法。
3. 了解：网络营销的特点；网络营销的策略。

任务一 认识网络营销

一、网络营销的内涵

网络营销是建立在互联网基础之上，借助互联网来更有效地满足顾客的需求和欲望，从而实现企业营销目标的一种手段，同时是以互联网为主要手段进行的，为达到一定营销目的的营销活动。网络营销贯穿于企业经营的整个过程，包括市场调查、客户分析、产品开发、生产、销售策略、售后服务和反馈完善等环节。

食品网络营销可以利用互联网展示食品产品目录、链接资料库、提供食品产品相关查询，可以和顾客进行双向沟通，可以收集市场信息、进行食品测试及消费者需求和满意度调查等，是食品设计、食品信息提供以及服务顾客的一种便捷、高效的途径和工具。

网络营销的目的并不仅是网络销售，还包括其他产品信息的提供、企业品牌价值的提升、与客户之间的所有互动等方面；网络营销是手段而不是目的，网络营销是综合利用各种网络营销方法、工具和条件有效地实现企业营销目的的手段；一个完备的网络营销方案，除了在网上推广之外，也需要利用传统营销方法进行网下营销。不要把网络营销和其他营销方式割裂开来。

二、网络营销的职能

网络营销的基本职能表现在树立网络品牌、企业或产品信息发布、网上销售和服务、网上调研等方面。

（一）树立网络品牌

食品企业可以通过在互联网建设企业门户网站或入驻网络销售平台等多种方式树立自己

的网络品牌。企业门户网站建设要以网络营销策略为导向，并通过新闻发布、广告投放、促销活动等方式进行网址推广。食品企业也可以通过快速入驻网络销售平台的方式，用最短的时间与自己的现实和潜在顾客建立联系，促进企业网络品牌的树立。

（二）企业或产品信息发布

食品企业可以通过互联网的方式将企业或产品信息传递给目标人群，包括顾客、潜在顾客、合作伙伴、媒体或竞争者。

（三）网上销售和服务

网上营销不等同于网上销售，但网上销售是网上营销很重要的目的之一。

食品企业将食品产品的所有信息以多媒体信息的方式在极短时间内传递给几乎不受地域限制的各类群体，随着最新5G技术和AI智能技术的大范围应用，消费者将可以更加身临其境地在网上虚拟环境下最大限度地了解、掌握甚至是感受产品的形状、颜色、口感、营养特性和更多方位的各类服务。

（四）网上调研

网上调研主要的实现方式包括通过企业网站设立的在线调查问卷，通过邮件发送的问卷以及与专业市场调研机构合作开展的专项调查。网上调查研究为制定网络营销策略提供了强大的数据支持。除此之外，还可以通过流量统计和分析，更好地了解客户的消费习惯、爱好和模式，有力的促进食品产品销售。

三、网络营销的方法

网络营销职能的实现需要通过一种或多种网络营销手段，常用的网络营销方法包括搜索引擎营销、不同网站之间的合作、网络广告、微博营销、个性化营销、论坛营销、事件营销、直播带货等。

（一）搜索引擎营销

搜索引擎营销是一种新的网络营销形式。它所做的就是全面而有效地利用搜索引擎来进行网络营销和推广，追求最高的性价比，以最小的投入，获得最大的来自搜索引擎的访问量，并产生商业价值。

（二）不同网站之间的合作

不同网站之间有很多合作方式，交换链接是两个网站之间最常见的合作方式之一，即分别在自己的网站首页或者内页放上对方网站的LOGO或关键词并设置对方网站的链接，使用户可以从对方合作的网站中看到自己的网站，达到互相推广的目的。交换链接主要有几个作用，即可以获得访问量、增加用户浏览时的印象、在搜索引擎排名中增加优势、通过合作网站的推荐增加访问者的可信度等。更值得一提的是，交换链接的意义已经超出了是否可以增加访问量，比直接效果更重要的在于业内的认知和认可。

（三）网络广告

网络广告是指在互联网刊登或发布广告，通过网络将相关信息传递到互联网用户的一种高科技广告运作方式。网络广告是网络营销方法最常见的方法之一，在网络营销方法体系中占据重要地位。网络广告的主要目的在于引起用户关注和点击，具有强制性和用户主导型的双重属性。网络广告应体现出用户、广告客户和网络媒体三者之间的互动关系。

（四）微博营销

微博营销是指面向微博粉丝通过微博的发布与讨论，达到产品营销或品牌树立的目的。微博营销可以借助多媒体技术手段，用文字、图片、视频等方式对产品进行描述，使消费者能够更加直接地了解到有关产品的信息。微博营销操作简便，互动性强，成本低廉且针对性强。

（五）个性化营销

个性化营销的主要内容包括用户定制自己感兴趣的信息内容、选择自己喜欢的网页设计形式、根据自己的需要设置信息的接收方式和接收时间等。个性化服务在改善顾客关系、培养顾客忠诚以及增加网上销售方面具有明显的效果。据研究，为了获得某些个性化服务，在个人信息可以得到保护的情况下，用户才愿意提供有限的个人信息，这正是开展个性化营销的前提保证。

（六）论坛营销

论坛营销就是企业利用论坛这种网络交流的平台，通过文字、图片、视频等方式发布企业的产品和服务的信息，从而让目标客户更加深刻地了解企业的产品和服务，加深市场认知度的网络营销活动。

（七）事件营销

事件营销是企业通过策划、组织和利用具有新闻价值、社会影响以及名人效应的人物或事件，吸引媒体、社会团体和消费者的兴趣与关注，以求提高企业或产品的知名度、美誉度，树立良好品牌形象，并最终促成产品或服务销售目的的手段和方式。简单地说，事件营销就是通过把握新闻的规律，制造具有新闻价值的事件，并通过具体的操作，让这一新闻事件得以传播，从而达到广告的效果。

（八）直播带货

直播带货是指通过一些互联网平台，使用直播技术进行商品线上展示、咨询答疑、导购销售的新型网络销售方式，具体形式可由店铺自己开设直播间，或由职业主播进行推介。2020 年 6 月，中国商业联合会发布通知，要求由该会下属媒体购物专业委员会牵头起草制定《视频直播购物运营和服务基本规范》和《网络购物诚信服务体系评价指南》等标准。这是行业内首部全国性标准，于 2020 年 7 月发布执行。管理规定，通过网络社交、网络直播等网络服务开展网络交易活动的网络交易经营者，应当以显著方式展示商品或者服务及其实际经营主体、售后服务等信息，或者上述信息的链接标识。

四、网络营销的特点

随着互联网技术发展的成熟以及互联网成本的下降，互联网好比是一种"万能胶"将企业、团体、组织以及个人跨时空联结在一起，使他们之间信息的交换变得唾手可得。市场营销中最重要和最本质的是组织和个人之间进行信息传播和交换。正因如此，互联网具有营销所要求的某些特性，使网络营销呈现出一些特点。

（一）时域性

营销的最终目的是占有市场份额，由于互联网能够超越时间约束和空间限制进行信息交换，使营销脱离时空限制进行交易变成可能，企业有了更多时间和更大的空间进行营销，可每周 7 天、每天 24 小时随时随地的提供全球性营销服务。

（二）多媒体性

互联网被设计成可以传输多种媒体的信息，如文字、声音、图像等信息，使为达成交易进行的信息交换能以多种形式存在和交换，可以充分发挥营销人员的创造性和能动性。

（三）交互性

互联网通过展示商品图像、信息资料库、提供有关的查询，来实现供需互动与双向沟通。还可以进行产品测试与消费者满意调查等活动。互联网为产品联合设计、商品信息发布以及各项技术服务提供最佳工具。

（四）针对性

互联网上的促销是一对一的、理性的、消费者主导的、非强迫性的、循序渐进式的，而且是一种低成本与人性化的促销，避免推销员强势推销的干扰，并通过信息提供与交互式交谈，与消费者建立长期良好的关系。

（五）成长性

互联网使用者数量快速成长并遍及全球，使用者多属年轻、中产阶级、高教育水准，由于这部分群体购买力强而且具有很强的市场影响力，因此是一个极具开发潜力的市场渠道。

（六）一致性

互联网上的营销可由商品信息至收款、售后服务一气呵成，因此也是一种全程的营销渠道。另外，企业可以借助互联网将不同的传播营销活动进行统一设计规划和协调实施，以统一的传播资讯向消费者传达信息，避免不同传播中的不一致性产生的消极影响。

（七）兼具性

互联网是一种功能强大的营销工具，它同时兼具渠道、促销、电子交易、互动顾客服务以及市场信息分析与提供的多种功能。

（八）时效性

计算机可储存大量的信息，代消费者查询，可传送的信息数量与精确度远超过其他媒体，并能应市场需求，及时更新产品或调整价格，因此能及时有效了解并满足顾客的需求。

（九）环保性

通过互联网进行信息交换，代替以前的实物交换，一方面可以减少印刷与邮递成本，可以无店面销售，免交租金，节约水电与人工成本，另一方面可以减少由于迂回多次交换带来的损耗。

（十）先进性

网络营销大部分是通过网络工作者进行一系列宣传、推广，技术含量相对较低，对于客户来说是小成本、大产出的经营活动。网络营销是建立在高技术作为支撑的互联网络的基础上的，企业实施网络营销必须有一定的技术投入和技术支持，改变传统的组织形态，提升信息管理部门的功能，引进懂营销与电脑技术的复合型人才，这样才能具备市场竞争优势。

任务二　食品网络营销策略

一、食品网络营销产品策略

（一）网络营销产品组合策略

产品组合是指网络营销企业向网上目标市场提供的全部产品或业务的组合或搭配。企业在调整自己的产品组合时可以选择如下策略：

1. 缩减产品组合策略

从产品组合中剔除那些获利很少甚至不获利的产品大类或产品项目，使企业可以集中力量发展优势产品。

2. 扩充产品组合策略

主要包括扩大食品企业网上营销的产品范围，在原有产品线内增加新的产品项目。

（二）网络营销顾客服务策略

食品企业在网络营销顾客服务时可以选择以下策略：

1. 售前服务策略

网络售前服务是指食品企业在产品销售前，针对消费者的购物需求，通过网络向消费者开展诸如产品介绍、推荐或说明等活动。食品企业网络营销售前服务主要任务是向潜在的用户提供产品技术指标、产品性能、使用方法等有效信息。

2. 售中服务策略

网络售中服务主要是指销售过程中的相关服务。在交易过程中，企业向用户提供全面的商品查询导购资讯、商品订购、货物配送等服务，以保障商品交换的顺利进行。

3. 售后服务策略

网络售后服务是指为了使用户需求得到更好的满足，企业借助互联网直接与顾客沟通的方法和手段。网络销售服务与传统的线下销售服务相比，具有方便快捷、灵活高效、成本低廉等特点，大大增强了企业的竞争实力。

（三）网络营销新产品开发策略

1. 创新型新产品开发策略

企业应用新技术、新材料研制出具有全新功能的产品，然后向网络市场推出一种新产品开发策略，这种策略称为创新型新产品开发策略。

2. 改进型新产品开发策略

企业不需要研制并推出全新的产品，只需要对现有产品进行一定程度的改良或改造，这种策略称为改进型新产品开发策略。

二、网络营销价格策略

企业为了有效地促进产品在网上销售，必须针对网络市场制订网络营销价格策略。主要包括以下几种。

（一）低位定价策略

借助互联网进行销售比传统销售渠道的运营成本低廉的优势，网络销售价格一般来说比线下市场价格要低。采用低位定价策略就是在公开价格时一定要比同类产品的价格低。低位定价策略包括直接低价策略、折扣低价策略和促销低价策略等。

（二）个性化定制生产定价策略

个性化定制生产定价策略是企业在能实行定制生产的基础上，利用网络技术和辅助设计软件，帮助消费者选择配置或者自行设计能满足其需求的个性化产品的策略。

（三）拍卖定价策略

网络拍卖是目前发展较快的一种市场化的网络营销新方式。随着互联网市场的拓展，将有越来越多的产品通过互联网拍卖竞价。网络拍卖定价的方式有以下 3 种。

1. 竞价拍卖

网络竞价拍卖一般属于个人与个人之间电子商务交易，主要是二手商品、收藏品或者一些普通物品等在网络上以拍卖的方式进行出售。

2. 竞价拍买

网络竞价拍买是竞价拍卖的反向操作，它是由买方引导卖方竞价实现产品销售的过程。

3. 集合竞价

集合竞价是一种由消费者集体议价的交易方式。根据交易双方的关系，拍卖交易的模式一般包括 4 种，即"1 对 1"交易模式、"1 对多"交易模式、"多对 1"交易模式、"多对多"交易模式。

（四）声誉定价策略

在网络营销的发展之初，消费者对网络购物和订货还有很多存疑，例如，网络上所订商品的质量能否保证、货物能否及时送达等。所以，对于声誉较好的企业来说，进行网络营销时价格可定的高一些；反之，价格则相对低一些。

三、网络营销渠道策略

网络营销渠道是指借助互联网将产品从生产者转移到消费者手中的中间关节。互联网的发展改变了营销渠道的结构。一般来说，网络营销渠道可分为网络直接营销渠道和网络间接营销渠道。

（一）网络直接营销渠道

网络直接营销渠道一般适用于大型商品及生产资料的交易。与传统的直接分销渠道一样，都没有中间商，商品直接从生产者转移给消费者。

网络直接营销渠道也有订货功能、支付功能和配送功能。在网络直接营销过程中，生产企业可以直接通过建设网络营销站点，也可以通过和一些电子商务平台合作的方式进行网络营销。

（二）网络间接营销渠道

网络间接营销渠道是指由中间商把商品销售给消费者或使用者的营销渠道，一般适用于小批量商品及生活资料的交易。传统间接营销渠道可能有很多个环节，而网络间接营销渠道只需要新型电子中间商这一中间环节即可。

四、网络营销促销策略

网络促销是指企业利用互联网来进行的促销活动，即通过网络技术向虚拟市场传递有关产品的信息，以激发消费者的需求，使其产生购买欲望和购买行为的各种互动。

与传统促销方式相比，网络促销在时间、空间以及顾客参与度上都发生了很大变化。

网络促销策略的实施由 4 个方面组成，即确定网络促销对象、设计网络促销组合、制定网络促销预算方案和评价网络促销效果。

（一）确定网络促销对象

网络促销对象是指有可能在网络虚拟市场上产生购买行为的消费群体。随着网络的迅速普及，这一群体也在不断扩大。

（二）设计网络促销组合

网络广告促销和网络站点促销是网络促销活动的两种主要方法。对企业而言，应该根据他们各自的特点和优势，结合本企业产品的市场、顾客情况合理排列组合。

（三）制定网络促销预算方案

中国网络销售现象已经非常普及，在全世界处于领先地位。企业选择自己建立的站点进行宣传的方法价格最低，但宣传的覆盖面相对较小；企业如果选择其他的电子商务平台宣传的话，成本会上升不少，但宣传效果也会得到较大幅度的提升。企业需要根据自身情况，综合考虑做出判断和选择。

（四）评价网络促销效果

任何促销手段的采用，都需要对其结果进行有效的评价。网络促销也不例外，科学的评价对于促销策略的完善和调整至关重要。对促销效果的评价一是要充分利用互联网上的统计软件，及时对促销结果进行统计和分析；二是要全面搜集销售量、利润和促销成本的增减数据，并做综合分析。

复习思考题

1. 网络营销的内涵是什么？
2. 网络营销的职能有哪些？
3. 网络营销的方法有哪些？
4. 网络营销的特点有哪些？
5. 网络营销策略有哪些？

思政小课堂

参考文献

[1] 李晓东. 食品营销学 [M]. 北京：中国轻工业出版社，2021.

[2] 刘厚钧. 食品营销 [M]. 北京：电子工业出版社，2017.

[3] 吴澎，张仁堂，刘华戎. 食品营销学 [M]. 北京：化学工业出版社，2021.

[4] 张瑜，吕清华. 食品营销与策 [M]. 北京：中国农业大学出版社，2020.

[5] 车慈慧. 市场营销 [M]. 2版. 北京：高等教育出版，2011.

[6] 安玉发. 食品营销学 [M]. 北京：中国农业大学出版社，2016.

[7] 纪宝成. 市场营销学教程 [M]. 北京：中国人民大学出版社，2001.

[8] 王燕茹. 食品市场营销 [M]. 北京：化学工业出版社，2007.

[9] 童斌，解鹏，马长路. 食品市场营销 [M]. 北京：中国轻工业出版社，2019.

[10] 詹跃勇. 食品市场营销 [M]. 北京：中国科学技术出版社，2013.

[11] 吴健安，聂元昆，郭国庆，等. 市场营销学 [M]. 北京：高等教育出版社，2017.

[12] 王晓萍，陈月艳，刘洋. 市场营销学 [M]. 北京：科学出版社，2008.

[13] 彭杰. 市场营销与策划 [M]. 北京：人民邮电出版社，2010.

[14] 方光罗. 市场营销概论 [M]. 大连：东北财经大学出版社，2005.

[15] 胡志勇. 市场学基础 [M]. 北京：高等教育出版社，1999.

[16] 宫向荣. 市场营销 [M]. 北京：中国财政经济出版社，2007.

[17] 胡志勇. 市场学基础 [M]. 北京：高等教育出版社，1999.

[18] 卢万强. 食品营销学 [M]. 北京：化学工业出版社，2012.

[19] 兰芩. 市场营销学 [M]. 北京：中央广播电视大学出版社，2000.

[20] 连有，周雪瑛. 市场营销 [M]. 长春：吉林大学出版社，2008.

[21] 黄聚河. 市场营销学 [M]. 北京：中国铁道出版社，2010.

[22] 杜明汉. 市场营销知识 [M]. 北京：中国财政经济出版社，2006.

[23] 卢万强. 食品营销学 [M]. 北京：化学工业出版社，2012.

[24] 苗月新. 市场营销学 [M]. 北京：清华大学出版社，2008.

[25] 高凤荣. 市场营销基础与实务 [M]. 2版. 北京：机械工业出版社，2012.

[26] 李海琼. 市场营销实务 [M]. 北京：机械工业出版社，2011.

[27] 于家臻，市场营销基础 [M]. 北京：电子工业出版社，2020.